本著作获得山东省一流本科专业（舞蹈表演）建设经费资助

大学生美育创新研究

马佳玉　著

吉林美术出版社｜全国百佳图书出版单位

图书在版编目（CIP）数据

大学生美育创新研究 / 马佳玉著. -- 长春 : 吉林美术出版社, 2023.12
ISBN 978-7-5575-8613-3

Ⅰ. ①大… Ⅱ. ①马… Ⅲ. ①大学生－美育－研究 Ⅳ. ①G40-014

中国国家版本馆 CIP 数据核字(2023)第 238341 号

大学生美育创新研究

DAXUESHENG MEIYU CHUANGXIN YANJIU

著　　者	马佳玉
责任编辑	李阳
开　　本	710mm×1000mm　1/16
印　　张	12.25
字　　数	185 千字
版　　次	2024 年 5 月第 1 版
印　　次	2024 年 5 月第 1 次印刷

出版发行	吉林美术出版社
地　　址	长春市净月开发区福祉大路 5788 号
印　　刷	济南文达印务有限公司

ISBN 978-7-5575-8613-3
定价：68.00 元

本版图书凡印刷、装订错误可及时向承印厂调换

前　言

随着国家对高校美育的大力扶持与关注，高校美育的地位日益突出。在构建现代美育体系的过程中，高校美育占据重要地位，它承担着培养莘莘学子的重任。高校美育将大学生视为特定对象，将高等教育与美育相结合，旨在提升学生的审美素养、人文素养和综合素质，培养出健全、完美的人格。尽管高校美育已取得长足进展，但在实施过程中仍存在许多问题。本文将从美学与高校美学两个角度出发，对高校美学教学不足及其原因进行系统的分析与研究，旨在找到解决困境的出路，推动高校美学教学取得跨越式进步与发展。

教育是一种以人的全面、自由、协调、发展为核心理念的行为活动。从结构上来看，一个人可以分为外部和内部两个方面。外部包括人体的外貌。而内部则指的是人的精神文化结构，主要涵盖智力结构、伦理道德结构、审美心理结构等方面。在心理层面，这三个方面分别对应于知、意、情，在教育上，对应于智育、德育和美育。"德、智、体、美"是一个有机的整体，实施美育可以通过美来培养人的良好品质，传递真善美的价值观念，激发智慧和创造力，促进身心健康，并带来快乐和满足感。

许多教育家、思想家和美学家一致认为，没有美育的教育无法培养完美、全面发展的人才，这是时代的要求。

大学时期是大学生个人发展的关键时期。在这个阶段，美育可以提升学生的道德素养，同时增强他们的专业能力，激发创造力，使他们在生活中持有积极乐观的态度。因此，美育对于推动大学生的全面发展具有无可替代的重要作用。

目 录

第一章 高校美育概述 ... 1
- 第一节 高校美育的内涵与特点 ... 1
- 第二节 中国美育的历史发展 ... 7

第二章 大学生美育的重要作用 ... 10
- 第一节 以美育德塑造健全人格 ... 10
- 第二节 以美启智提高创新能力 ... 12
- 第三节 以美健体实现美好人生 ... 14
- 第四节 以美辅劳提升职业技能 ... 17

第三章 高校美育的发展成果 ... 19

第四章 对美的本质的认识 ... 23
- 第一节 西方学者对美的本质的认识 ... 23
- 第二节 对美的本质的认识 ... 27
- 第三节 对美的本质问题的争论简介 ... 33

第五章 当代高校美育的价值与社会意义 ... 36
- 第一节 当代大学生美育的价值意蕴与实践探索 ... 36
- 第二节 高校美育服务社会的意义及路径研究 ... 42

第六章 高校美育解困对策研究 ... 49
- 第一节 深化高校美育理念 ... 49
- 第二节 重视美育师资队伍建设 ... 53
- 第三节 加强高校美育课程建设 ... 56
- 第四节 重视学生审美能力培养 ... 61

第七章 美育融入大学生思想政治教育相关理论概述 ... 64
- 第一节 相关概念阐释 ... 64
- 第二节 美育与思想政治教育的关系 ... 66
- 第三节 相关理论基础 ... 69

第四节 美育融入大学生思想政治教育的意义 73

第八章 美育融入大学生思想政治教育的现状及分析 75
第一节 问卷调查基本情况 75
第二节 美育融入大学生思想政治教育取得的成效 77
第三节 美育融入大学生思想政治教育存在的问题 80
第四节 美育融入大学生思想政治教育存在问题的原因分析 93

第九章 美育融入大学生思想政治教育的对策 97
第一节 增强"以美育人"的环境之美 97
第二节 凸显"以美育人"的真理之美 101
第三节 拓展"以美育人"的网络载体 105
第四节 提升"以美育人"的能力素养 107
第五节 强化"以美育人"的机制保障 109

第十章 多维视角下的高校美育建设 111
第一节 "互联网+"时代的高校美育实践研究 111
第二节 智媒时代高校美育活动的传播策略 119
第三节 "文化自信"视野下当代高校美育的建构与反思 123
第四节 弘扬非物质文化遗产视野下的高校美育实施路径 127
第五节 "五育"融合背景下构建中国特色高校美育评价体系的思考
.... 134

第十一章 高校美育普及建设——以服饰审美为例 139
第一节 高校美育普及的相关概念 139
第二节 服饰审美推动高校美育普及的现状 145
第三节 服饰美育的美育普及价值分析 147
第四节 高校服饰美育系统建设与探讨（以山东省某高校为例） ... 158
第五节 高校服饰美育建设成果及展望 174

第一章 高校美育概述

第一节 高校美育的内涵与特点

一、高校美育的内涵

作为国家教育的重要组成部分，高校美育已经成为学校和社会高度关注和积极发展的领域之一，在推进全面素质教育方面起到了重要作用。过去，人们对美育的认识存在多种多样的观点，例如强调德智体的基础教育理论，注重理论教学的"艺术知识"论以及以培养情操为目标的"情感培养论"等。然而，在人类历史不断向前发展的过程中，无论是基础教育理论的辅助性质，还是"艺术知识"论和"情感培养论"的片面性，都不能充分展示美育在培养人才方面的重要作用，更无法深入探讨美育在解放个人心理、促进个人发展方面的独特之处。这与我们今天所处的时代不相符合。

举例来说，一个热爱摄影的人，在欣赏了祖国壮丽的风景后，仍会被自己作品所打动，因为摄影作品还包含着摄影师对生活和社会的深刻认知和感悟，其中融入了许多复杂的情感。当欣赏者感受到这种情感时，会体验到一种愉悦的美感，进而激发他们用实际行动表达自己的审美情绪。所以，现代美育通过美的形象来影响受教育者，在提高他们审美兴趣并陶冶情操的同时，激发他们对美的热爱、追求和创造。

自 21 世纪以来，高校美育的内容发生了显著变化。传统的美育教学注重向学生传授艺术技能和知识，而当代的美育教学则更加关注提升学生的美学水平和素养，让他们能够对美术作品有更深入的理解和鉴赏能力，从而发挥他们的想象力和创造力。通过提高同学们的美学体验和鉴赏能力，让他们能更好地应对未来的机遇和挑战。

21世纪的高校美育注重将审美与各学科有机结合，通过多学科交叉的教学和实践手段，全面提升大学生的综合素质和创造力。同时，高校美育也要与社会实践密切结合，使学生能够更好地融入社会并为社会服务，增强他们对社会的认知，培养学生的社会责任感和使命感。

综上所述，21世纪的高校美育已经突破了过往仅仅传授美术技巧和知识的范畴，更加注重培养和发展学生的综合素质，成为一项重要的教育使命和社会责任。

（1）随着21世纪教育的不断改革和发展，人们越来越重视美育。在当代，美育已经从德育、智育和体育三大学科的"附属品"逐渐发展为一门独立的学科。美育在素质教育中扮演着日益突出的角色，对促进学生的全面发展具有重要意义。

美育不仅仅是一种对学生进行美育的方式，同时也是对他们进行生活教育的形式。如果忽视了美育的独立地位，那么学生情感教育的重要性就会被削弱，使得美育的意义变得模糊。因此，21世纪的美育已经成为国家教育中不可或缺的一部分。

同时，在当今社会，具备较高审美水平的人往往更容易获得社会的认可和赞同。在人类文明不断进步的今天，艺术已成为一个重要的社会元素。而美育作为一种重要的教育方式，对培养人的审美素质起到了巨大的促进作用。

（2）在现代社会中，审美已不再是简单的教育手段，而是一种文化现象和社会需求。人们面临各种困难和挑战，生活的压力、激烈的竞争和物质文明的快速发展使人们的精神生活感到匮乏和疲惫。美育是一种有效的治愈方式，能够提升人们的精神境界，帮助他们从消极情绪中解脱出来。美育也是情感教育的一种形式，能够释放和提升人们的情感，让他们对生活和他人产生更大的兴趣。此外，美育也是一种理性的教育方式，它使人的理智和情感相互结合，形成健康而完善的心理结构和生活状态。

（3）美育是一个具有重要发展意义的课题。进入21世纪后，美育必须与现代社会的精神面貌、教育观念和先进文化取向相适应。在这一过程中，我们需要认清三个与美育相关的问题。首先，美育不再是简单的"附属品"，而是与德育、智育和体育并驾齐驱的一种促进学生全面发展的教育形式，体现了精神的升华和情感的陶冶。其次，现代社会中存在许多心灵的空虚、冷漠和僵硬的现象，而通过美育可以改善这种状况，促使情感与理性相结合，使人们的心灵更美、情感更高尚。美育是一种具有发展性的教育，它能够培养人的想象力，激发人的生命活力，推动科学文化的进步。正如爱因斯坦所说"想象力是科学研究的实在因素"，而美育则是培养想象力的一条重要途径。因此，我们需要关注美育的发展，以审美的方式去认识、欣赏和提高人的创造性智慧，以此来提升个体的修养。

综上，在特定审美价值观念的指导下，培养人们的审美意识，使人们体验审美情趣，以此来传播和创造美，从而实现培养情操、丰富情感、净化心灵和完善人格的教育目标。美育的最终目标是实现人的全面发展。

高校美育相对于大众美育而言，具有更强的理论性、系统性和全面性特点。与大众美育相比，高校美育不仅仅是向学生传授知识，也不只是由权威人士进行理论讲授，更注重学生自身的社会经验和主体能动性。大学生的审美体验是多种多样的。举例来说，他们可能喜欢欣赏节奏强烈的音乐，因为这能让他们感受到音乐所传达的丰富情感，进而与音乐发生共鸣。因此，在高校开展美育可以丰富学生的情感体验，同时激发他们对美的追求。现代大学生在审美上具有前瞻性的时尚个性意识，对温暖、浪漫的生活氛围充满向往，对激情、激昂、激荡的心态怀有憧憬。他们追求的是优雅、精致、健康的品位，同时热爱音乐、舞蹈、电影、文学、戏剧等艺术形式。这表明他们愿意提升自己的审美品位和艺术修养。

所以，进行高校美育研究时，需要遵循美学观念、美学体验和美学创作的原理。首先，美学观念要求我们从中认识美，并在此基础上培养学生的美学观。其次，通过美的体验，使学生对美有更深的认识，达到美的目的。然而，需要强调的是，理论性和实践性的教育应相互补充。在这个过程中，既要有理论的指导，又要有实践的引导，并在此基础上不断深化和提高。第三，美的创作是以美的观念和美的体验为前提的，是一个富有创造性的过程。当学生达到进行审美创作的层次时，他们会自然地展现对生活的热爱，体会到自然的美好以及艺术的崇高。

二、高校美育的特点

（一）理论性特点

艺术是一门关于美、表达美和创造美的学科，其理论层次的高低直接影响审美的水平。例如，学生学习了音乐的基础知识，了解了五线谱、音符的高低、旋律的节奏等，就能更好地理解他人演奏的水平和曲目的内涵，并具备评论音乐的能力。因此，在掌握舞蹈原理之前，也应掌握乐理，了解乐理，才能用身体演绎乐理的精髓。因此，要广泛研究多种艺术形式，使听觉和视觉感受与嗅觉、味觉产生共鸣，并将其纳入审美的过程中。此外，在进行体育锻炼时，必须对人体的基本结构有一定了解，并掌握正确的运动姿势、力度和时间，否则不仅无法实现健身目的，还可能对身体造成伤害。总之，美育教学中的理论性和实践性相互促进，互为补充。

（二）社会性特点

真理应通过践行来印证，因此社会实践活动是高校美育中不可或缺的一部分。学生需要走出教室，走出校园，与社会真正接触，将理论与实践相结合起来。例如，大学生可以参加兼职实习，参观纪念馆和博物馆，参观美术馆和科技馆，参加艺术竞赛，观看演出，以及去福利院和养老院探望那些需要关爱的人们。通过这些实践活动，学生能够更好地认识社会，增长知识，锻炼意志，并且对他们未来的生活也有着积极的影响。

此外，作为社会实践活动的重要组成部分，审美需要通过具体的画面来更好地吸引学生的注意，让他们亲自动手去练习，去体会美的真正含义。艺术的形象造型中的意象和意境都能够直观地感受到，这使学生对其有更深入的了解。例如，庄严肃穆的兵马俑、典雅端庄的敦煌彩陶以及精美的根雕，它们的气势磅礴、色彩丰富和形象鲜明，给人们带来强烈的视觉刺激，让人们切身体验到造型之美。而《白毛女》中的哀婉，《黄河大合唱》中的奔放以及《牧童短笛》中的欢乐，通过声乐的方式向人们传递着看不见的悲欢，引发了一种审美共鸣。由此可见，"美的本质融合在形象之中，没有形象就没有美。"

（三）创造性特点

通过将自己的美学想象与经验相结合，可以对一件事情进行全新的认识，这种美学创新在很大程度上是一种个人化的体验。正如德国诗人海涅在其第一次见到维纳斯雕像时，被她的美貌所吸引，他对这个雕塑虔诚参拜。在那一瞬间，海涅的感官开始修复和完善这个雕塑，因此他能够亲眼目睹一个栩栩如生的女神形象，这种体验是无法用言语来取代的。在欣赏艺术作品的过程中，学生们不再是被动地接受教育，而是积极主动地将所见的美术作品进行整合、加工和想象，从而对其进行"再创造"，形成一种全新的思维方式。对于学生来说，要想创造和发明新的科学和事物是非常困难的。因此，学生们之间的相互修改美术习作或文章，将学习的课文改编成戏剧小品，都可以被看作是学生们的创造和发明。马斯洛在谈到"特殊天才的创造性"和"自我实现的创造性"的区别时强调："首先强调的是人格，而不是其成就，这些成就是人格放射出来的副现象""自我实现创造性的表现或存在的品质，而不是强调其解决问题或制造产品的性质"。自我实现的创造力并不仅仅是指学生创作成果的水平或作品的质量有多高，而是指在创作的过程中，挖掘自身的创作潜力，从而培养个性的健全，促进个人的全面发展。

（四）多样性特点

学生在学习艺术理论、进行社会实践和审美创造时，有多种手段和途径可供选择。

1.情感的培养

古代的大教育家们最重视感情的培养，实际上，他们将感情放在首位。情感教育的目标就是尽可能地挖掘出情感中善良和美好的一面，逐渐抑制和淘汰恶劣和丑陋的一面。实际上，"美育"是将美的原理应用到教学中，其目的是培养感情。此外，在观看电影时，故事中的情感、复杂的角色性格以及优美的场景都能引起观众的情感共鸣，让人感到快乐、悲伤或惊叹。同时，电影所传递的寓意也会给观众以启示和冲击。美育以情感为先导，通过情感共鸣来震撼和净化人的内心。

2.教育的自由性

美育的手段繁多，美育的目标并不依靠死记硬背的知识灌输或冗长的道理来达到，而是通过情感作为媒介，将感性与理性、情感与意志紧密联系在一起，实现主客合一的人文教育。在美育的观念和经验方面，并没有一成不变的模式，学生可以根据自己的兴趣和爱好选择最适合自己的方法。这种自由教育既能充分发挥学生的创造力和想象力，又能培养学生独立思维和自主发展的能力。

3.教育的愉悦性

美好的事物常常给人带来愉悦的感受，这是一种自然而然的情感体验。从古代罗马时期开始，人们就将"寓教于乐"作为一种教育方法。在现代教学中，当学生欣赏美丽的风景，参观博物馆、美术馆，观看电影或阅读小说时，都会产生愉快的情绪，这种情绪会促使他们自发地、自愿地接受美的教育。美的事物能够让人从内心感受到快乐，激发人们追求和享受美的体验。

4.教育的广泛性

美对人类的生活、艺术、生态、科学等诸多方面产生了深刻而广泛的影响，为美育工作提供了广阔的空间。此外，美的具体表达方式也是多种多样的。刚猛、柔弱、飘逸、纤细、圆润等都是艺术美的表现形式。天安门的庄严庄重、江南古镇的古朴秀丽、自然风光的造化之美，都是美的体现。温馨的家庭、浪漫的爱情、同甘共苦的友谊等都是社会之美的表达。科学美被誉为"思想领域中的音乐神韵"，同样具有多重的美学内涵。

年轻人都具有创造力，拥有一颗好奇的心，不断追求新鲜事物的心态、无拘无束的想象力，以及对未知的探索欲望，这些都是创作的必要条件。而当我们年轻时，我们可以大胆尝试新的想法，迎接挑战。因此，21世纪的大学生应该抓住这难得的机会，展现自己的勇气，发挥想象力，以所学知识武装头脑，运用创造力应对生活中的各种挑战。

第二节 中国美育的历史发展

一、中国古代美育的发展

我国的美育大抵可追溯至西周时期，其教学内容包括礼、乐、射、御、书、数六艺。这样的教学不仅能够培养学生的审美能力，还能够进行品德教育。

孔子是我国著名的思想家和教育家，他在美育方面具有深厚的造诣，并对美育的发展起到了一定的推动作用。他特别重视礼乐之间的关系，即道德教育与美育的结合，并提出了"兴于诗，立于礼，成于乐"的理念。他认为音乐能够陶冶人的情操和个性。同时，他也高度重视诗歌的美育作用，并认为诗歌不仅能传达思想，还能提升人们的修养。孔子对美育的教化作用也非常重视，他认为美育活动既可以为政治事务提供服务，又能培养人的品德。他提出了"志于道，据于德，依于仁，游于艺"的理念，并指出美育可以给人带来愉悦，并对人产生影响。这一观念为中国古代儒学的美育提供了理论基础。

我国的美育历史悠久，从西周时期开始，以礼、乐为主要的教学内容，以射、御、书、数等为核心，旨在培养学生的审美情趣和品德修养。孔子的美育思想具有显著代表性，他强调了礼、乐的关系，并提倡通过音乐来培养人的修养，同时也非常重视诗歌的美育作用，认为诗歌对个性发展具有促进作用。孟子和荀子继承了孔子的美学思想，并对儒家美学进行了发展。孟子注重个人修养，而荀子提出了"化性起伪"的方法论，强调礼乐等外在因素对人心性的影响，并以此为指导达到美育目的。他们的观念对于中国古代儒家美学思想的形成和发展，以及中国近代教育史都产生了深远的影响。从孔子、荀子等人的审美观念中，我们可以看到中国人对审美观念的重视。

道家、墨家也提出了自己的美育思想，《老子》强调了"道法自然"，主张个人的自由发展，并基于此提出了"大音希声，大象无形"的观念。庄子将道家思想推崇至"天人合一"的"逍遥"境界，追求真实的、自然的、完美的、无畏的人格。墨子反对礼、乐等儒家美育观念，并对美在社会现实功能方面进行了深入探讨。

二、中国近现代美育的发展

近代的王国维是在接触西方哲学后，率先提出了以美育来塑造国民性的观点。他主张教育的目标是培养"完全的人物"，促进人的全面发展。王国维正式引入了"美育"这一概念，强调美学在文学与艺术中的独立地位，并提出了"教育之事亦分三步：智育、德育、美育是也"，这样才能培养出具备"真、善、美"这三种美德的"完全之人"。

为反驳"忠君、尊孔"的陈见，蔡元培发表了《对于教育方针之意见》，并在此基础上提出了"五育"的思想，包括军事教育、实力教育、道德教育、美学教育、世界观教育。他主张通过美学教育来培养人的心性、品格和情感。蔡元培对美育进行了全面的阐述，并实施了许多具体的教学活动。他倡导设立美术和音乐专科学校，并在中小学开设了美育，并提倡美化家庭、学校和社会环境。蔡元培能够将美育应用于现实生活中，这对后来的美育具有深远的意义。

在王国维和蔡元培的倡导下，美育的观念得到了进一步发展。朱光潜认为，要拯救国家和民族，就必须通过美育来净化人们的心灵。丰子恺所著的《艺术修养基础》《西洋美术史》《子恺漫画集》在美育方面起到了重要的作用。在这一时期，他与刘质平等人共同创办了"中华美育会"与《美育》会刊，并在上海筹办了美术教育机构。丰子恺认为，美育是我们应该重视的事情。1922年，商务印书馆出版的《教育杂志》以倡导美育而闻名，并就美育与"德、智、体"三者之间的关系阐述了独到的见解。这些学者不仅强化了美育的意义，还指出了美育在改变人们生活中的重要性，开创了美育的新领域。

从20世纪80年代开始，美育再次引起人们的关注。在这一背景下，在社会高度重视和国家大力支持的推动下,学校美育的普及与推广范围越来越广泛。

从中国古代到近代,美育的发展历程显示,美育的理念与社会的发展密切相关。因此,加强美育在未来的教育中亦是不可忽视的。

第二章　大学生美育的重要作用

大学时期可谓学子成才的关键时期。在这个过程中，除了向学生提供基础理论知识和专业技能，还应该重视对学生的全面培养。我们需要使大学生形成健全的人格，这就需要充分认识到美育在教育中所扮演的不可替代的角色。美育以审美为核心，以培养学生的审美情操为目标，同时也能启发智慧，培养具有创新精神的大学生，为国家培养具备创造力的人才。此外，美育还有助于大学生以更美丽的生活态度真正实现自我，并以良好的心态融入社会，开启新的旅程。最后，美育还可以辅助学生的专业能力提升，使他们在社会中获得一席之地。

第一节　以美育德塑造健全人格

正如蔡元培所言："教育者，养成人格之事业也。"个体人格的形成既受生物遗传因素、社会环境因素的制约，又受后天教育因素的影响。美育对培养大学生的审美情感、塑造健全人格具有重要作用。

一、提高大学生的道德修养

美育可以提升大学生的道德修养。爱因斯坦曾说："一个人的价值，在于他贡献了什么，而不在于他能得到什么。"一个人的道德品质并不仅仅通过他不乱扔垃圾、帮助老人过马路等日常行为来判断，更重要的是看他是否能够完成自我发展并对社会做出贡献。道德教育以理智的方式规范我们的生活，而美育则将我们带入更深层次的美学状态，以达到更高层次的生活目标。我们需要妥善处理自我利益和他人利益之间的关系。从理论上来说，德育是通过理智的教育向人们灌输道德观念，而审美则是通过意象来影响人们。美是人类内在的渴望，在这种渴望中，当同学们感受到美的存在时，他们就会培养出自己的德行。正如弗里德里希·席勒所阐述的那样，"从感觉的受动状态到思维和意志的能动状态的转变，只有审美自由的中间状态才能完成。"

二、塑造大学生的健全人格

人格是指心理学上的"个性"，同时也代表一个人的品德特征。健全人格是一个新的概念，它体现了大学生个性各个方面的协调发展。具体而言，健全人格表现为以下特征：能够正确客观地认识自己、他人和社会；具备积极的人生目标；具有责任感和创造力。

美育具有独特的教育特征，对大学生的个性发展起着不可替代的作用。"真""善""美"是大学生健全人格发展的基本要求。美可以引导真实，柏拉图曾说过："美不仅是悦人的幻想，而且是达到真理的必由之路。"人们通过对美的创造与真实进行不断的交流，并将其转化为个性中的"真"。美可以储存好的东西，正如康德所说："美是道德上善的象征。"美育能够使大学生以积极乐观的心态看待世界，实现生命的价值。美育也能通过感受美，使学生的个性得到充分的体现。此外，美育还具有"润物细无声"的效果，对人们具有潜移默化的影响。美可以将人带入超越功利主义的美学境界。在这样的环境下，大学生的身心得到和谐的发展，有助于形成完善的人格。

第二节　以美启智提高创新能力

创新是一种永不枯竭的推动力量。在当前背景下，创新已经成为必然要求。在高等院校中，培养创造性人才是一个非常重要的目标，而美育可以激发学生的智力，激发他们对知识的渴望，是培养学生创造性思维和创造性能力的最佳教育方式。

一、美育与智力发展

美育可以促进大学生右脑的开发，实现大脑平衡发展，并提高他们的智力水平。心理学专家罗杰·斯佩利在他的裂脑实验中证明，左半脑和右半脑的思考模式完全不同，左半脑是抽象思维，而右半脑则是形象思维。只有左右脑相互协作，才能进行复杂的创造性工作。

长期以来，人们过于重视左脑功能，导致左右脑发展不均衡。学校教育也过于以知识为中心，导致左脑发展过度，而忽视了右脑，抑制了学生的创造力。许多高学历的人倾向于使用左脑完成任务，而不是发挥右脑的作用。他们在形象思维和理性认识方面都缺乏创造性。

近期的研究如 fMRI（大脑成像技术）、PET（正电子发射断层成像）和 EEG（脑电波）发现，图像可以刺激右脑。美育可以向大学生提供丰富的意象信息，为他们提供多种情感渠道。这有助于增强学生的感知能力，提高对事物的敏感性。举例来说，如果一个人长时间受到音乐的影响，他的大脑各部分将共同处理信息，从而协调左右脑的功能，最终提升智力水平。

二、提高大学生创新能力

美育可以激发学生直观灵感，拓展他们的知识面，增强创造力。蔡元培先生曾指出，人们在研究科学时时常会涉及艺术，而过于注重概念、分析和机械作用的人，不仅缺乏对生活的兴趣，也缺乏对科学的创新精神。

爱因斯坦曾说："我的科学成就有很多是从音乐启发出来的。"他相信，他在物理学上的杰出成就并不仅仅归功于对数学的理解，还要源自对音乐的热爱。

美育在培养学生敏锐直觉、丰富想象力和巧妙思维等方面具有独特的功能。想象力、灵感和直觉等非理性因素是创造力的重要组成部分。在进行审美活动时，大学生需要运用想象力，深入感受事物中蕴含的美，借助想象力可以更容易地拓宽问题思考的路径，从而提升创造力。具备一定的美学素养，可以增强对美的感知能力，且更容易产生新的观念和创意。

此外，美育还可以拓宽大学生的视野，增加他们的知识储备。以《红楼梦》为例，它生动地描绘了一幅旧时代百科全书式的生活图景。通过阅读《红楼梦》，我们可以了解古代的社会风貌、思想和道德，相比普通的历史书籍，这种方式更加生动有趣。也有人给予巴尔扎克的《人间喜剧》高度评价，认为巴尔扎克对 1816 年至 1848 年法国社会的详细描绘，远胜于从学者口中了解到的信息。

综上，美育对大学生的非理性思维有着良好的训练作用。在美育教学过程中，应为学生提供充分的想象空间，使他们掌握美的基本规律，从而更好地激发学生的创造力。

第三节　以美健体实现美好人生

美育可以提高大学生的身心素质，使他们在步入社会后能以更积极的心态面对问题，更好地融入社会，并树立崇高的人生理想，实现美好的生活。

一、促进大学生身心健康

英国哲人洛克曾认为，一个人必须拥有健康的身体才能享受快乐的生活，身心俱健才能满足内心的需求。如果身体和精神都不健康，那么所有的努力都将是徒劳的。然而，一些大学生的生活方式不规律，经常熬夜，作息不正常，导致身体状况恶化。

此外，大学生的心理健康状况同样令人担忧。缺乏学习的自主性，并对人际关系敏感，这些问题对他们的心理健康产生了影响。一些学生的心理素质较差，易出现抑郁、焦虑、自卑等负面情绪，甚至出现偏执、抑郁等精神问题。许多人的身心状况都处于亚健康状态之中。

美育在大学生的身心健康方面扮演着重要的角色。四十多年前，美国学者恩格尔提出了生物—心理—社会医学模型，认为疾病的产生与演变已经从生物学层面逐渐深入探索到心理和社会层面，该理论引起了人们的关注。人的精神状态是影响健康甚至导致疾病的主要因素。情绪如焦虑、烦躁和抑郁等可以使人患病。特别是在精神高度紧张和易激动的状态下，会导致身体机能紊乱，引发临床休克，严重情况下甚至危及生命。医疗研究表明，保持良好的心情可以增强身体的免疫力和保持良好的体形。

审美能够引发人的情绪共鸣，而美育则能够引导人的情绪释放。当人的情绪发生改变时，会促使身体分泌一些有益于身体健康的激素，如酶和乙酰胆碱等物质。这些物质能够加快血液循环，调节血流量和体温，增强肠胃蠕动，促进新陈代谢，从而对身体有益。

此外，艺术疗法也越来越受到人们的关注。举例来说，舞蹈疗法可以起到一定的缓解作用。通过舞蹈，可以促使身体释放内啡肽，这种物质恰好是镇痛药物中的重要成分之一。另外，可利用音乐的节拍来调节患者的步行速度，随着时间的推移，患者受影响的肌肉活动也会迅速恢复。戏剧也可作为情绪调节的一种方式。心理剧是一种心理治疗方法，在这个过程中，患者扮演不同的角色，在特定的心理冲突下，通过自发的表演将自己的情感问题展现在舞台上，向医生与观众展示。这种方法不仅可以让患者宣泄情绪，减轻内心压力和自卑感，还能提高患者的自我调节能力，帮助他们更好地适应环境并克服危机。

二、培养大学生积极态度

苏格拉底从不忽视一个人的身体和精神健康。他过着有节制的生活，以诚恳的态度对待他人，并按照自己的能力去行动。正因为如此，他能够用微薄的收入过上快乐而美好的生活。

苏格拉底对待身体和精神健康的重视是他智慧和幸福的源泉。他不仅关注自己的生活方式，还以身作则，成为他人追求的榜样。他的节制生活方式教会了人们如何适度享受生活，不过度追求物质财富而忽略内心的平静和满足。古希腊的色诺芬在书中描述：他所采取的生活方式都是为了锻炼自己的心灵和身体，在没有意外遭遇的情况下，能够愉快而安全地生活。

在科技高度发展的今天，苏格拉底式的生命之境却鲜有人能真正地追求与实践。现在，人们越来越多地追求物质生活，却忽略了精神上的成长。他们追求更好的生活，却仅将其视作获取更多物质享受的手段。随着科学技术的进步，人们对物质的需求已经超越了最基本的需求。商业广告等吸引人眼球的事物深深印在人们脑海中，让他们产生一种"拥有某物就能获得快乐与幸福"的心理信念。马尔库塞曾言："在超出动物的水准之上，一个自由而合理的社会中的生活必需品，不同于为了该社会而生产的生活必需品。"美育能够帮助大学生自省，明确自己真正的需求，认识到物质享受的幻觉，从而获得真正的自由。

美育有助于大学生树立正确的生活态度。如果大学生能长期受好的审美环境影响，就能将他们从乏味的生活中解脱出来，并显著提升他们的心理调节能力。美育有助于塑造大学生健康的审美观念，帮助他们勇敢地面对生活中的各种困难，将美的负面因素转化为美，从而在面对生活时更具耐心、毅力和积极性。大学生应追求美丽的生活，拥有自由自在的精神状态和健康的身体素质，才能充满快乐，活出自己美丽的人生。美育是一种以美为核心的教育，要求拥有健康的身体、青春的心灵，并对人生保持积极乐观的心态。

第四节　以美辅劳提升职业技能

大学生作为未来的劳动者，可以通过美育来帮助他们形成良好的职业心态和价值观，进而调动他们的工作积极性。美育不仅仅是对美的欣赏，更重要的是培养他们在职场中的创作能力。也就是说，在劳动和生产的过程中，他们可以将自己对美的认知和理解运用于实际工作中，为社会提供具有高度审美价值的劳动产品。这种转化过程可以将他们的审美意识融入具体的物质形式中。

一、激发大学生工作热情

美育可以调动大学生的劳动积极性。根据马斯洛的观点，判断一个职业的价值应该以工作本身为标准而非工具性，能从中获得快乐的工作，就具有价值。通过美育，可以培养学生的情绪化意识，以更好的精神状态来应对周围环境。如果大学生能够认真地将工作视为一种爱好，而非将爱好转化为工作，这对于保持他们的工作积极性将有很大帮助。此外，当大学生将劳动看作是一种生活方式、成长过程中必须经历的阶段，并将其作为实现人生价值的方式时，他们才能从工作中获得深刻的情感满足。这种成就感和收获的快乐相结合，将更能激发大学生的工作积极性。

除此之外，美育还可以帮助大学生构建良好的人际关系氛围，提升工作效率，对激发大学生的工作热情有很大帮助。梅奥指出，每个部门的员工都会无意识地形成一个团体，每个人都有自己的习惯、职责和生活方式。除了薪水以外，员工之间的关系也是一个重要因素。美育在提升大学生修养方面起到了积极作用。在日常工作中，大学生应以礼貌和谦让的态度与同事相处，这样更容易形成一个团结友爱的集体。在这样的良好工作氛围中，同事们可以自由地交流和互相帮助，从而极大地提升工作热情和工作效率。数据显示，大多数雇员不愿意离开一个和谐的团队，而愿意离开一个充满恶意、粗鲁和尴尬的团队。相比之下，许多人想要换工作主要是因为群体心理上的不协调。显然，良好的工作环境是提高劳动效率的关键，而良好的工作环境又离不开对员工的美育。

二、提高大学生工作技能

美育可以提升未来劳动者的美学素养，从而在生产劳动中发挥积极的作用。消费者对商品的需求已经演变成既要满足物质又要满足审美需求。我们越来越意识到，在实际的经济生产和生活中，只有那些既具有经济实惠特性又具备审美享受品质的商品，才能得到社会消费者的认可，并且为社会带来相应的经济效益。优秀的设计必须融合美学因素。产品的结构和形式应该是和谐、完整、优美的，同时与其功能内容相一致和协调，使人在观看、使用和接触时都能感受到舒适和愉悦。

即使是具备扎实专业技术的大学生，如果在工作中没有相应的创造美和展现美的能力，没有将审美文化与实际的生产劳动和经济活动有机地结合起来，那么他们将失去竞争优势，面临高淘汰率的风险。

第三章　高校美育的发展成果

随着美育的正常推进和高校教育改革的不断深化，高校美育的地位逐渐提升，相关工作也得到了实践和发展。对于高校美育在大学教育发展中所取得的成就进行总结和肯定，将有助于我们更好地推动高校美育的进一步发展。

一、高校美育的著作逐渐增多

在高校美育的发展过程中，涌现出了一批优秀的美育工作者。他们在美育领域进行了大量的实践和研究，并以此为基础提出了一系列与美育相关的论文和著作，进一步丰富了高校美育的理论体系。具体可概括为如下几种类型：第一类是关于美育原则的探讨。这类论著从美育本身的特点出发，探索了美育的本质、特征和对象。从理论、方法和作用三个角度论述了美育的基本原理，并提出了新的理念，即"美育学"。代表性的论著包括《美育原理》（作者：仇春霖）《美育简说》（作者：彭若芝）等。而在美育原则建设方面，蒋冰海的《美育学导论》和曾繁仁的《现代美学理论》都具有代表性。第二类是关于美育的教材。自美育被纳入国家教育方针以来，美育成为学校中的必修课程，因此各个学院和专业都编写了相应的美育教材。这类教材通常从理论层面阐述美的本质、范畴、形式、概念、类型、形态，以及美与特定学科的结合。它们详细说明了美在不同学科中的体现，并指导如何在学科中运用美和创造美。美育教材对高校美育的开展起到了良好的引导作用，同时确保教育者和学生都有正确的学习方向。第三类是关于美育实践性学习的著作。这类著作探讨了美育在学校教育中的应用。例如，仇春霖的《大学美育》一书，首先阐述了大学生需要具备良好的美学素养和基本的美育理论，然后讨论了美育与大学生美学行为之间的联系，并将其与实际紧密结合起来。

该书对培养大学生的美学观念、促进他们的美学行为具有积极的作用。第四类是集美育理论、艺术鉴赏和艺术教学于一体的"泛美育"论著。在发展过程中，美育常与艺术教育联系在一起。美具有多种表达形式，例如音乐、美术、舞蹈和戏曲等，它们都是艺术的表达方式。因此，这类著作常将美育与各种艺术相结合，不仅通过艺术的方式表达美的存在，还充实了美育的内涵。其中，郑新兰的《天籁之声的奏鸣：音乐美》、牛宏宝的《粉墨话春秋：戏剧美》，以及其他有关风景、设计、文学和建筑等方面的著作，都代表了这一类型的论著。

总体而言，在美育的发展过程中，经过对美育理论、美育实践、美育学科等方面的深入研究，有关美育的著作逐渐增多。这使得高校美育的内容得到了充实和发展，高校美育在理论层面取得了丰硕的成果。

二、高校美育的相关工作逐步落实

为了适应新形势下审美需求的变化，学校应在美育课程设置、美育实践活动、校园环境建设等多个方面进行相应的改革与完善。相较于过去，美育也取得了一些进展。

在此基础上，高校应进一步充实和完善高校美育专业的教学内容，为美育专业的教学改革提供了新的机遇。过去的美育课程通常只与音乐、美术等艺术学科有关，并且主要在艺术学院开设。然而，近年来，随着学校对美育的日益关注，在公共课、选修课和必修课中，都开设了与美育有关的课程，以便让学生能够更全面地接受美育。通过对我国一些高校美育课程体系的调研，我们发现其中涵盖了一些关于美和培养学生审美能力的学科，例如美学概论、美学教育导论等。还有一些学科将美育与艺术和体育教育相结合，例如民俗音乐欣赏、影视艺术鉴赏、中国著名艺术作品鉴赏、有氧健身操等。同时，还有一些学科将美育与个人发展有机地融合在一起，例如生活审美。这些专业的设置为教师和学生提供了更多的选择空间，有助于提高学生的美学素养。

实践是直观感受美的方式之一。近年来，各高校越来越重视以学生为主的教学方式，并开展有针对性的实践活动，促进学生各方面素质的提高。常见的实践项目包括辩论比赛、主题演讲和歌曲比赛。与美育相关的实践活动通常涉及主题讲座活动、参观博物馆和纪念馆等。与常规的授课方式相比，实践活动更能满足学生个人情感的表达需求，培养学生的情操。

在相关网站上，我们可以看到各高校和地区都开展了美育的实习活动。此外，各高校还举办各种美育展览，并与其他学校互相交流美育活动经验。有些高校甚至建立了美育基地，以提供更丰富的美育体验。创建校园美育工作的特色品牌是一个重要的目标。尽管在某种意义上，高校美学的实践活动已经取得了一些进展，但对未来的高校美学而言，充实和完善实践活动的表达方式仍然是一个重要的内容。

大学校园环境可对大学生的审美观产生不同程度的影响。学校环境的营造也成为招生宣传的焦点之一。在高校的发展过程中，越来越多的关注被放在了校园环境的建设上，几乎每所大学都会有一些具有代表意义和特色的建筑物。这些建筑不仅具备一定的建筑美感，更重要的是它们与当今社会的审美潮流相一致，从而在一定程度上影响了学生的审美能力。如今，大学通过校园环境建设的手段，将美育渗透到学校的每一个角落，让学生们充分体会到学校的文化底蕴和自然而然的审美情趣，在不知不觉中扩大了学生们的审美广度和深度。

三、高校美育资源逐步发掘

美育资源是高校美育发展的关键，在高校美育的发展过程中，他们进行了一系列的规划，旨在有效发挥高校和地区的美育资源，推动高校美育的发展。

各省市进行了美育综合改革实验和美育教学改革，并支持各地创建传承中华优秀文化艺术的民族院校。此外，鼓励各地举办中外文化交流与合作研讨会，促进文化的交流与合作。在各方面的支持下，各地也制定了符合自身发展的计划和相应的对策，深入整合校内和校外资源、城市和农村资源、线下和线上资源，充分利用美育资源，推动美育事业的发展。

自2005年起，为了响应国家政策，各大院校还举办与之相应的艺术展演、优秀传统文化的巡演活动、美育专题系列讲座等，以最大限度挖掘美育资源的价值，让学生们全面了解美育并学会美育。

在美育教师人数方面，专业的美育教师数量年均增长为 8.7%，美育教师队伍得到了持续扩大。在美育师资队伍的素质提升方面，通过举办美术和美育教学科研论文报告会以及专题研讨会，也促进了高校教师在专业技能、教学能力和科研能力等方面的提升，从而推动了高素质美育教师队伍的建设和发展。

通过总结高校美育教学的现状，我们可以认识到存在的问题，并在美育教学中建立自信。我们应该珍惜目前在高校美育方面取得的成就，并在未来的发展中踏实前行。

第四章　对美的本质的认识

歌德曾说："美其实是一种本原现象，它和自然一样丰富多彩。"尽管美无处不在，但我们究竟应该如何定义真正的美呢？什么才是真正的美？这个问题一直以来都是哲学家和艺术家、美学家们争鸣的话题。

第一节　西方学者对美的本质的认识

一、从精神上探索美的根源

以客观性的精神（理念、绝对的观念）来寻找美的本质，代表人物包括柏拉图和黑格尔。柏拉图的美学思想是其概念理论的重要组成部分。在他看来，个体的美是相对的、变化的，唯独"美"的概念，即"美本身"，是绝对的、永恒的。他认为"美本身"可以独立存在，没有"美本身"，美丽的事物就无法存在。个体的美是由"美本身"在其内部存在或分配出来的。因此，"美本身"在美的事物之前，是个体美的创造者。只有哲人才能欣赏和理解这一概念，并对其有真正的认识。对于美的概念，我们不能仅凭感觉去理解，而是要通过思维的"回忆"逐步理解。黑格尔的美学思想主要体现在《美学讲演录》一书中，它是他哲学理论的有机整体，也是他美学和艺术两个方面的具体体现。在黑格尔看来，理念通过感性意象表现自身和认识自身是艺术的基本特征。因此，"美是理念的感性显现"成为黑格尔美学观念的核心。他认为普遍的理念是抽象和概念性的，而"美"的理念必须具有明确与实在具体特性相联系的理念，才能在感官上呈现出来。他所说的感性意象是理念本身所展现的，它本身不具备自然的物质性，而是由精神事物通过感性形式呈现出来的。根据黑格尔的观点，"自然"是一种不完备、不能被称为"美"的概念。只有通过内在特质才能展现出艺术的美，因此，唯有艺术的美才能被真正称作美。虽然他们都认可审美的起源源自客观精神，但其区别在于"理念"的性质。有些认为"理念"是永恒不变的，而黑格尔认为"理念"是持续发展、不断变迁的。

康德作为德国古典主义哲学和古典主义美学的奠基人，从质量、数量、关系、方式等角度对美进行了阐释。在审美判断的定性方面，他认为："审美趣味是一种不凭任何利害计较而单凭快感或不快感来对一个对象或一种形象显现方式进行判断的能力。这样一种快感的对象就是美的。"在评价审美价值时，他表示，美不是一种概念，而是一种普遍的、令人愉悦的东西。他认为，美是一种对象，其存在具有目的性，并非为某一特定目的而被感知。对于美学评判方法，他提出："任何事物只要不依赖概念，就能产生愉悦感，都可以被视为美丽。"纵观康德对"美"的四个定义，我们可以看出，"美"的特征是，美只是一种形式，而"美"是通过"形式"产生的。美的形态没有目标，但又有目标。美不是功利，也不是概念。美是人类的一种普遍现象。他力图从根本上解决"美"的一系列矛盾，他对"美"的定义极为深刻。然而，他的"美"理论是基于主观唯心主义，无法从根本上对"美"的本质问题进行科学的解答。

二、从物质世界中探索美的根源

该理论将"美"分为两种。一种是"美"的客观存在，例如亚里士多德、毕达哥拉斯和博克。毕达哥拉斯提出了"美是数的和谐"观点，并举例说明了与"黄金分割"相一致的圆形、球形和矩形，因为它们与数字的完美关系一致。博克认为："美是客观事物的属性"。他用更多的细节描述了美的特征：尺寸更小、表面平滑、各个部位的位置不同、部件的组合、柔软而细致的结构、鲜艳的色彩以及色彩之间的变化。这是一种美学上经验唯物论的观点。

第二个观点是"美即生活"观念,这是车尔尼雪夫斯基的观点。他认为,"美"就是能引起人对美的情感和喜悦的事物。"一旦我们在某事物中看到美好,依照我们心目中的生活方式去体验,那就是美好的。所有能够展现人生或唤起对人生思考的事物,都是美丽的。"他认为"生活"既指一个人追求和期望的生活方式,也指一个人应该拥有的生活方式。以美为出发点的"美即生活"观点是一种基于社会生活的现实主义美学观点。

三、从客观事物的关系中探索美的根源

这一观念源于现代法国思想家狄德罗的"美在关系"理论。美是一种不以人的主观意志为转移的、以物的内在联系为中心的现象,以物体本身的美为中心,被称为"物外之美"。当关系对人类的感觉产生影响时,它会唤起人类对于愉悦关系的感知,从而产生审美体验。如果脱离了某种客观真实的关系,审美就不存在,而美的本质也会随着人与人之间的关系而变化。狄德罗将美分为"真实美"和"相对美",并将其归结为"实在美"这个范畴。他提到了法国的卢浮宫,"不管我是否想到卢浮宫的门面,其一切组成部分照旧有这种或那种形式,其各部分间也照旧有这种或那种安排,不论有人无人,卢浮宫的门面并不减其美。"卢浮宫所展示的实在之美,是对事物自身形态和关系排列的审美体验。物体与物体之间的关系是一种审美体验。他举例说明了语言在文学中的作用,比如一个句子,它的意义取决于对谁说以及在什么情境下说,如果没有这种社会关系,这个句子将毫无意义。同样的句子,在不同的关系中,意义也会有所不同。

他引用了高乃依的《贺拉斯》一书,其中有一段"让他死吧",以此来阐述这一思想,即只有从某种联系的角度来看待话语,才会有美与丑之分。然而,当你了解到这是一种对即将上战场的亲人的态度时,你就会对这一点产生兴趣。如果你再深入理解,就会明白,这个"他"指的是被提及的人的儿子,而且是三个人中唯一在战争中幸存的人。老人说这话的目的是要他的儿子勇敢参战,这体现了无所畏惧和大公无私的精神。这两者之间的关系变得清晰:"让他死吧"从一开始平淡无奇,到后来逐渐变得崇高。由此可见,

美依赖于事物与环境之间的关联,并以关联为导向。美并不存在绝对、抽象、孤立的形式,而是与特定的关系相联系。狄德罗在"美即关系"的理论中涉及了对自然界和社会性关系的认知,这一点大大提升了亚里士多德对自然关系本质的理解,并呈现出一种发展趋势,即从各种社会性关系去理解美的本质。这一观点的合理性体现在对审美社会性的肯定以及对艺术社会性的重视。

  通过上述分析,我们可以看到,对于美的本质的探索与哲学中最基本的问题密切相关。有一种探索是从人的精神世界出发,另一种是从人的本性出发,但是主观主义和客观主义都将心与物分离开来,将世界划分为完全相反的主体和客体,这必然使他们陷入误区,无法自拔。此外,他们普遍忽视了人类社会性的存在,没有意识到社会生活的实质是实践性的,没有通过主体与客体之间的辩证关系来探索美的本质,这导致了直觉上的弱点。

第二节 对美的本质的认识

一、美的根源在于人们的社会实践

辩证唯物主义者和历史唯物主义者为人类认识和把握事物的本质指明了道路。辩证唯物主义者认为，人的思维方式受制于其社会生活状态。而人的意识形态反过来对社会存在产生影响。基于这一观点，可以得出结论：美的内涵是客观的，人的审美是建立在客观性基础上的心理现象。如果没有客观的美学客体，人就无法创造出美。人的审美意识由被动转向主动，人可以主动地感受到一切美好的事物。从这一点可以看出，审美客体之所以能引发人的愉悦感觉，是由于人的社会实践活动。要从人类的生活实践中寻找美的来源并发现美的本质。社会实践活动是人类对世界进行改造的行为。审美是一种自觉、有目的的生命活动，是主体在现实中的实践行为，是一种改造世界、发挥能动性的奋斗过程。美的本质可以从人的实践活动对客观世界进行积极改造的角度来探索。当人们看到自己的理想变为现实，实践和生活得到肯定时，他们会感到无比的爱和快乐。

生产活动也是美的客体，劳动的结果展现了人的创造力，社会生活是积极的创造，是社会性的革命和实践，也是审美客体。美的多样性和丰富特征源于人类实践活动的多样性和对物质世界改造方式的多样性。美是人主观能动性的表现，是反映了自然界和社会发展规律、符合法则的、具体感性的、体现了人际关系的客观客体。这是因为美既包含也体现了社会生活的本质和规律，并引发人们特定情感反应的具体形象。

美的社会性是指美学体验和审美价值在社会和文化背景中的共享和共识。它强调了美学和艺术的社会性质，即美的价值观和审美经验在社会中的传播、认同和互动。

美的社会性认为美学不仅仅是个体的主观感受和观赏，而是社会共同建构的结果。它强调了人们在共享美的经验中相互沟通、互相影响和共同理解的过程。美的社会性要求个体和社会共同参与到艺术创作、艺术欣赏和文化交流中,通过社会互动来塑造美的意义和价值。

在美的社会性中,美学体验和艺术创作被认为是一种社会行为和社会表达。它们不仅仅是个体的情感体验,还反映了社会和文化的认知、价值观和审美标准。通过艺术作品和美学体验的共享,人们能够在社会中建立共同的审美观念和文化认同。同时,美的社会性也强调了艺术和美学的社会功能。艺术作为一种文化表达形式,能够激发人们的情感、启发思考、促进社会变革和建立社会联系。美的社会性认为艺术和美学对社会和文化的发展、社会凝聚力和人类幸福感都具有重要作用。

而美的客观性指的是美的存在和价值在一定程度上超越个体主观感受和文化差异,具有普遍性和客观性的特征。它认为美不仅仅是个体的情感体验和主观评价,而是存在于客观世界中的普遍和共享的现象。美的客观性主张存在一些普遍适用的美的标准和原则,超越了个体的喜好和主观评价的局限性。它认为美的存在和价值并不完全取决于个人的主观感受和文化背景,而是存在于事物本身的形式、结构、比例、和谐等方面。同时,美的客观性也强调了美的普遍性和共享性,认为美是超越个体的共同体验和共享价值。虽然个体的文化、历史和背景会对美的理解和评价产生影响,但美的客观性认为存在一些普遍的美学原则和价值,可以被不同文化和背景的人所共同认同和理解。美的客观性强调了美的存在和价值在一定程度上超越个体主观感受和文化差异,通过理性思考、美育和跨文化交流,人们可以接近和理解美的客观存在和价值,超越个体主观感受的主观性和相对性。

从上面两点可以看出,美的事物之所以能够让人感到愉悦,正是因为其中蕴含了人类最宝贵的特质,即在实践中的自由创造。自由创造是一种劳动创造,一种生产实践。所谓的"自由"并不是任意的,而是对必然性的理解和掌握。自由创作是根据人们理解的客观必然性、遵循客观规律对世界进行改造的行为。它是为了实现人类的目标和需求而进行的一系列物质活动。自由的创作正是目标导向与规律遵循的结合,这种结合基于生产实践,就是美的体现。

因此,从这个意义上讲,美是一种理想的、符合规律的表现,以和谐、适宜的方式呈现,是一种理想的现象形式。在劳动过程中,人们为了满足物质需求首先产生了使用价值,而美的创造是为了满足心理需求。这说明美是从劳动中产生的,是从社会实践中产生的。美既是一种动态的实践,又是一种静态的工具性和劳动性的产物。

二、美是人的本质力量的对象化

在探讨美的本质问题时,有一种观点认为美是人的本质力量的对象化。

在国内美学界的讨论中,普遍认为任何能够体现人本质的事物都具有美的特征,即美是人的本质力量的对象化。

人的本质力量指的是人根据客观规律和个人目标自由创造的力量。它主要涵盖了人在创造活动中展现的智慧、聪明才智以及对美好生活的追求所表现出的理想、感情和愿望等。人的本质力量是一种积极进取的力量,会随着社会的发展而不断发展。

"人的本性力量的客观化"指的是对人本质力量的认知。这意味着人的本质力量在客观的实践过程中得到了物化,也就是说,人的天赋、智慧、思想情感等本质力量通过人有意识、自由的实践活动,凝结并体现在实践的客体和结果上。展现人本质力量的实践对象和产物之所以能够让我们感受到美的原因,就在于我们能够从中看到自己的价值、理想、愿望和幸福。这些实践对象不仅是实践的客体,同时也是实践的产物,是人自身内在驱动力的具体呈现。

德国的古典主义者认为,"人的本质力量的对象化"是一种关于美的根源和本质的学说。弗里德里希·席勒认为,通过观察外部事物和对其作出反应,人将自己"对象化"。黑格尔明确指出,在认知和实践中,人类将其所处的环境"人化",也就是将自然界"人化"。人类在改造外部世界的过程中实现自身目标,美与艺术的本质就是将人类自身本质对象化。费尔巴哈将黑格尔思想中的"人"从主观的个体转变为客观的人类群体,并将"人"的对象化指向人在外部世界中发现美的过程。德国古典美学的观点受到新的冲击,有人认为,人的本质是社会关系的总和,人可以通过社会实践改变客观世界、改变自然，并在客观世界中实现自身目标，从而具体化和丰富自身的内涵。在这个过程中，人既能获得物质的满足，又能获得精神的愉悦。客观对象变成审美对象，自然人化或人化自然是美的对象的来源，同时也是艺术创造和欣赏艺术的能力的根源。这为我们深入探究美的本质提供了一个思路。

"人的本质"具体而言，指的是人的本性，即人的目的性、创造性、社会性以及人的本质。

有人认为，人类的特性恰恰就是自由的自觉的活动。即从人与动物的区别、人与自然的关系等方面揭示了人的本性。"自由"指的是人们对客观事物的规律有了认识并掌握了它，便拥有了一定的自由度，能够根据规律进行改造和创造。人与动物的不同之处在于，动物的行为是被动、适应和服从的，而人类的行为则是自由的、合乎规律的，可以随心所欲地进行各种活动。实际上，动物只是按照它所属的尺度和需求来建造。例如，麻雀根据自身的大小和需求筑巢，但不会像田鼠那样挖洞。

然而，人类可以根据不同的比例进行生产。人类可以建造房子、挖地下室、挖地道和防御工事等。有学者认为，"自觉"意味着人们的行为是有目的、有意识的。因此，与动物不同，人类的行为具有目的性。人始终在某种意识的引导下，按照自身的目标进行生产。相比之下，人类的行为具有更大的优越性，而不是像蜜蜂筑巢或蜘蛛织网那样受本能的支配。

人的特点是指人具有自主性和有意识的活动能力。这表示在个体对客观规律的认知和掌握基础上，通过劳动，使事物按照自身目标和意愿预设的改变；最终达到一致性和目标的统一。

若论述人的本性时，既从人与动物的角度区别，又从人与社会的关系角度来阐述人的本性。人当然是社会的动物，人的本质不是生物性的，而是社会性的。人无法离开社会，始终在具体的社会关系中生活，没有办法独立于特定的社会关系而存在。如果脱离了社会，人就失去了人性的特征，无法称之为人。人类的一切活动都离不开社会关系，人类的本性只能在社会关系中得以展现。人类的行为受到社会关系的制约和影响，人类的本性也在这些复杂的社会关系中得以体现。

总而言之，人的本质是指由人的自由和自觉活动所形成的社会关系的总和，也就是人在特定的社会关系中进行的有规律、有目的的创造性活动。从根本上讲，美的本质是合乎目的和合乎规律的统一，是人的本性在客观存在中的体现。

三、美是人的本质力量的感性显现

（一）生产劳动是人们最基本的实践活动

为了生存和繁衍后代，人们必须解决食物、住所和安全等基本需求。这迫使我们的祖先与自然进行斗争，改变自然。人们意识到自己对自然的需求，利用自然资源并改造自然。从最早用木柴取暖到使用电力，从住在洞穴到高楼大厦，从石制工具到现代精密工具，从简单的土陶饭罐到高压锅和电饭煲，从石头桌子到书桌，从用叶子裹身到穿着各种花纹的绒、丝和缎料……人类在利用自然改造自然的生产过程中创造了无尽的审美对象。同时，由于人类内在的驱动力，各种审美情感也在实践过程中形成。因此，美是从人们的生活实践中产生的。

（二）社会实践可以发现美和鉴别美

在现实世界中，存在着各种各样的事物，究竟哪种事物最能激发人的审美情趣，只能通过社会实践来寻找。举个例子，番茄曾经被人们发现，当时人们看到它又红又圆，不知道它的味道如何，于是有勇气的人尝了一口，并没有中毒。从那以后，番茄被人们食用，并被栽培为一种特别的蔬菜，也被当作一种审美的对象对待。经过体验之后，人们一见到番茄就会引发一种审美的冲动。没有社会实践，就没有人能够发现和识别美。随着科技的进步，人类在实践中的应用领域不断扩大，因此，我们能够找到的美学对象也越来越多。

（三）社会实践可以发展美

人不能仅满足于现有的物质和精神生活，而必须在现有基础上不断追求，以推动人类的物质文明和精神文明水平的提升。为了满足人民对物质生活的需求，人们在社会实践中不断创新，创造出更多更精致的东西。这种不断涌现、多姿多彩、无尽美丽的事物正是审美客体在实践中的发展。同时，为了满足人民对精神生活质量的要求，人们不断创造出新的精神产品。各类美术作品是人类审美活动的产物。与此同时，随着社会生活水平的提高，人们的审美意识也逐渐增强。

感性显现是什么？所谓显现，就是清晰地展现出来。感性显现，就是以非常清晰、具体的方式呈现画面。人的本质力量本来是非常抽象的，它没有色彩、味道、形态和物质，但是通过社会实践，被具体地展现出来。举个例子，一个画家的美学理念是相对抽象的，但他以独特的方式将这种理念表达出来，创作出一件艺术品；如果这件艺术作品成功了，那它就是艺术家美学理念的具体体现。黑格尔曾经提供了一个很好的例子："一个小男孩把石头抛在河水里，以惊奇的神色去看水中所见的圆圈，觉得这是一个作品，在作品中他看出自己的活动结果。"这个例子生动而简洁地诠释了"人的本质力量的感性显现"。

第三节 对美的本质问题的争论简介

一、美的本质问题的争论

美的本质问题是美学史上最根本的问题之一，它是理解其他美学理论的先决条件和基础。在过去的数千年里，哲学家和美学家为了揭示美的奥秘进行了长期而艰苦的探索，并提出了各种各样的理论来解释美的本质。

（一）"美即形式"说

这一学说是古希腊时期的第一个关于美的本质的理论，以毕达哥拉斯为代表。他们认为美是一种平衡、对称和和谐的东西，是多样性和统一性形态的体现，美的实质存在于事物本身的形态中。

（二）"美即典型"说

"美即典型"是一个重要的理论，它根据苏格拉底的观点提出。苏格拉底认为，一个艺术家应该从他的肖像画中提取出最美的元素，这样他才能创作出最美的作品。

（三）"美即理念"说

这是古代希腊哲人柏拉图反对"美即形式"的学说。他主张美的实质是理念，而理念是一种真正的、永恒的实体。他认为，这个理念是独立于特定美的事物而存在的，并且，这个理念赋予一种东西美的属性，无论是石头、木头还是人，一个眼神、一个动作都可以成为一种艺术。只要你的想法是美的，它就是美的。在此基础上，黑格尔进一步提炼了这一理论，并提出了"美即理念的感性显现"，也就是说，想象中的美是真实存在的。

(四)"美即直觉"说

这是一种关于美源于客观物的学说,即美是由人的主观意识所决定的。它认为:"美不是物理的事实,它不属于事物,而属于人的活动,属于心灵的力量。"没有客体的存在,美完全取决于主体的心境。意大利美学家克罗齐就是这一观点的典型代表。

(五)"美即关系"说

法国哲学家狄德罗是这一理论的倡导者。他认为:"我把一切本身有能力在我的悟性中唤醒关系概念的东西,称为在我身外的美,而与我有关的美,就是一切唤醒上述概念的东西。美是随着关系而开始、增长、变化、衰落、消灭的。"他认为"美味"是一种与事物之间的关系,在这个关系中它开始、成长、变化、衰退,甚至毁灭。他认识到"美味"不仅仅是一种自然的关系,也是一种社会性的关系。

(六)"美即生活"说

"美即生活"是俄国学者车尔尼雪夫斯基所倡导的一种哲学观点。他说:"任何事物,凡是我们在那里看得见依照我们的理解应当如此的生活,那就是美的;任何东西,凡是显示出生活或使我们想起生活的,那就是美的……"

对于"美的本质"这一问题,古今中外众多学者都非常关注并争鸣,然而他们的结论往往各不相同,多种多样。这个问题很难解决,一方面是因为它是一个不断发展变化的问题,有些甚至是瞬息即逝的,难以捉摸;在自然界、社会生活和艺术创作中,美都有其独特的表现形式。在审美主体方面,由于人们的主观条件各不相同,对美的追求、感受和渴望呈现出极其复杂的情况和差异。因此,要从各种形式的美中,从各种不同的美中找到它们的共性是十分困难的。此外,主观和客观条件的不同也导致了审美的差异,进一步增加了人们对美的本质的认知和把握的难度。

二、人们对美学研究对象的争论

在美学发展成为一门独立学科之后，人们对其研究对象的范畴依然存在不同的观点和持续的争论。概括而言，有以下几种观点。

第一种观点认为，审美的对象和范畴仅限于艺术。黑格尔也持有这样的看法，他认为美学观应以人为中心，而非自然美。他主张只有艺术的美才是真正的美，并将之称为"艺术哲学"。

第二种观点认为，审美既应关注艺术本身的美与丑，也应关注生活本身的美。1858年《新亚美利加百科全书》在"美学"条目中写道："美学是研究自然和艺术中的美的科学。"

第三个观点认为，审美涉及美、美的感受以及普遍的艺术法则，并认为审美理论应有三个层面，即审美理论、审美感受和审美法则。

第四种观点认为，美应涉及人类生产生活和社会各个方面的美。许多美学家在其作品中探讨了技术、劳动和生活等议题。这包括审美运动、行为和社会关系等方面。

第五种观点认为，审美是研究美、人类对美的感知以及创造的一般规律的学科，审美实践作为一门科学，随着人类历史的演变、社会生产力的提升以及其他学科的深入研究，对人与客观事物的审美关系的研究逐步丰富并得到发展。

第五章　当代高校美育的价值与社会意义

第一节　当代大学生美育的价值意蕴与实践探索

美育不仅是一种美学，也是一种情感和思想的教育，它在立德树人中起着不可替代的重要作用。近年来，在"新学工"方面的建设处于领先地位，"新学工"的基本模式已经成熟，并取得了一定的成果。某大学大学生美学教育是"新学工"和"十计划"中的一项重要工作。本文通过实践探讨，对如何强化和改善高校的美学教育进行了实践上的整理和理论上的反思，旨在为高校美学教育的创新发展提出一些建设性的建议。

一、当代大学生美育的价值意蕴

实施美育对大学生来说，不仅是国家教育方针的表现，也是社会进步的不可或缺之需。美育在提升学生审美水平、推动学生全面发展、发挥德育作用等方面具有重要意义，同时亦是引导学生回归自然的一项策略。

（一）落实国家教育政策，适应社会发展需要

经济和社会的进步为人们带来方便的同时，也唤起了对美学需求的认识。但在现代社会，工具理性化的日益增长导致人文价值和审美意识的逐渐淡化，从而导致当代大学生审美文化素养的不足和审美取向的庸俗化。美育作为人类文明进程的重要组成部分，肩负着促进社会平衡发展和个体全面发展的使命。其目标在于培养人们体验幸福的能力，使生活充满诗意，实现社会的可

持续发展。

大学作为美育工作的主要阵地，应该秉持"以美育人、以美化人、以美培元"的原则，牢牢把握"以美为本"的理念。在改革与创新的过程中，应构建符合中国特色的现代学校美育体系，以适应时代的需求和挑战。只有这样，才能培养出具备高尚审美情趣和美学素养的人才，推动人类文明持续向前发展。

（二）提升学生审美能力，推动学生全面发展

美育在提升大学生的审美意识、审美情趣以及审美创造能力方面发挥着积极作用。审美感性是感知美的存在并体验美的情感的重要手段，有助于发现自然界和日常生活中的美好。审美情趣是在鉴别美与丑的过程中必不可少的能力，代表着高水平的审美品位。而审美创造力是大学生追求的更高水平的能力，不仅能促使大学生发现问题和创新解决问题的能力，还能深度挖掘他们的潜力。

美育对大学生的全面发展具有重要意义。通过对高校学生进行美育，可以促进其全面发展，从而培养出一批"德智体美劳"的人才。美育是一种教学方法，通过审美化的方式来探索人与社会、人与自然之间的关系。美育可以帮助大学生学会与他人、自然、社会和谐相处，促进人格充分自由发展。

（三）发挥思想教育功能，引导学生回归本性

美育通过美的引导，能够推动个体追求善良和崇高，实现向善的变化。因此，我们应将学校美育置于核心位置，以立德树人、培养高尚情操、塑造美好心灵、提升文化自信为目标。在此过程中，融入思想政治教育元素，对学生施加积极的引导，培养其高尚的道德情操，塑造健康的人格。唯有如此，大学生才能自觉地抵御各种思想的腐蚀，从而获得更好的教育效果。

美育是高校德育工作的重要组成部分。通过美育活动，可以使大学生得到心灵的慰藉。它能够将人的本能欲望提升至"情感"与"爱"的层次，使人从外在的烦恼中解脱出来，开阔眼界、思考空间，回归到人的本真。这种美育的体验能够让大学生得到心灵上的愉悦和满足。

二、当代大学生美育的实践之路

大学生美育工作应当正确把握美育的切入点。在某大学的"新学工"美育项目实践探索中,特别侧重于探讨当代大学生美育的实践路径。这些路径包括提升学生的美育水平、加强美育与道德教育的协同作用、完善美育机制体系、拓展美育空间、整合美育资源,以及夯实美育教学成果等方面。

(一)提升学生审美能力,营造良好校园氛围。

提升美育地位,加强美育的自觉性,更新美育思想,强调美育在大学生全面发展中的作用。坚持"五育"并重,成立专业机构和团队来管理学校的美育工作,确保有效实施各项美育方针和政策。同时,强化学生审美主体的自律意识培养,使他们认识到审美和美育对个人发展和成长的重要性,从而增强内在动力,自觉参与审美课程和艺术活动,提升审美能力。

提升学生的美学素养,促进全面发展,拓宽美育课程和活动,强化审美意识、鉴赏力和创造力。对艺术教育专业课程体系结构进行优化,注重培养美育知识和能力,强化艺术鉴赏与创作类课程建设,将美育渗透到其他学科中,延伸和深化美育内容。通过举办艺术展览、进行校园美化等活动,培养学生对艺术作品的美感,引导他们参与和产生创造意识。在美育课堂或活动中进行有效沟通,引导学生发现自我和美的关联。例如,可以邀请美育大师进行宣讲、访谈和交流,共同探讨美育和美学教育的发展、现状和前景,以及在生活中的实际作用,让学生深刻认识到美育和美学教育的重要性。

以美育为导向,构建和谐的校园环境是非常重要的。为实现这一目标,我们可以采取多种措施。首先,通过美化校园的基础设施和环境,如校园建筑、景观和公共空间的设计和装饰,创造一个美丽、宜人的校园环境。这将使学生在任何时候、任何地点都能欣赏到美,受到美的熏陶,提高他们的审美情趣与风格。其次,传播主流美学观念,通过不同的渠道和方式,让学生接触到各种艺术形式和作品,培养他们对美的理解和欣赏能力。同时,扩大大学生美育的实践空间,为学生提供参与艺术活动和创作的机会,让他们亲身体验美育带来的乐趣和启发。此外,还应关注艺术的大众化,通过针对不同学生群体的精准美育活动，让每位学生都能接受一定程度的美育，并有机会接触高雅的艺术。例如，可以组织适合贫困生群体、理工科学生群体等的美育活动，让他们也能享受到美育带来的快乐和启发。通过建立交流平台，促进学生、教师和社会上的艺术工作者之间的交流与合作，鼓励学生们分享自己的阅读和鉴赏感受，用个性化的表达来丰富年轻学生的美育。通过这些努力，可以促进学生审美素养的提升，培养他们对美的热爱和欣赏能力，从而创造一个充满艺术氛围和活力的校园环境。

（二）加强美育德育协同，以美育人以文化人

构建文学培育系统是一项极为重要的任务。文学作为一种基于感性经验和互动的美学概念，需要与高校文化美育有机结合。为实现这一目标，我们需要创新审美交流模式，通过思政课案例梳理主流文艺创作创新和大学生审美素养培养的发展历程。特别是在当前流行文化和网络文化碎片化的背景下，重新关注经典艺术作品是一种有效途径，可以加强学生对这些作品的欣赏和理解，从而引导整个学校的文艺观和主流价值观。同时，我们还应探讨当代大学生思想政治工作的艺术化路径，通过艺术实践活动展开革命精神等主题教育，使学生在愉快的艺术实践中感受美，深刻理解社会主义核心价值观，并以潜移默化的方式接受并实践这些价值观。

倡导在继承创新高雅艺术方面，弘扬传统文化的理念。通过探讨培养美术人才和提升非艺术类学生美学素养，促进对高雅艺术和传统文化的继承与创新。对艺术类专业人才的培养需在技术性和思想性之间取得平衡，着重培养其视野、创造性和社会关怀，以适应文艺创作对文化自信的需求。同时，艺术类专业大学生有责任承担建立文化自信的使命，而非艺术类大学生则可通过艺术实践和体验活动感受高雅艺术和传统文化的魅力，提升艺术素质和审美能力。

在艺术实践和审美欣赏过程中，可以灵活地融入学生的思想政治教育，同时也不忽视艺术实践本身。为此，有必要创新教学模式，建立展示机制，并推动考核方式的改革。在思政课程中融入美育因素，通过美育活动对学生进行思想教育和价值引导。例如，将艺术作品创作、演出和鉴赏等活动作为

思政课程实践教学环节的有益补充。根据现实情况，在思想政治与美育基本理论的指导下，对思想政治与美育的交叉领域进行探讨，并探索青年学生的美育活动与规律。这样的探索旨在引导和促进学生的全面发展，提高他们的素质，扩大他们的审美视野，引领他们走向美好的未来。通过这些努力，可以使学生在美育实践中获得思想政治教育的启迪，并在艺术的魅力中不断成长和进步。

（三）完善美育机制体系，多元拓展美育空间

形成"互联网+美育"工作机制。我们可以推动学生服务、学生参与和资源共享的多层面、多视角、多维度的良性循环。通过创建和管理在线文化工作坊，开设"云美育"班，举办"云听""云看""云画展"等活动，提高学生的美学素养和审美感受。此外，我们可以举办文艺创作比赛，并通过网络展示优秀艺术作品，将其推荐到"国家艺术博览会"和"大学生网络文化节"等活动中。

形成"美育+党课"工作机制。创建以"主旋律"为主题的党建宣讲团和其他学校的教师和学生团体，积极开展"文艺+党课"的教学活动。通过音乐党课、美育党课、戏剧党课等形式，以艺术的视角生动地讲述党史故事，并通过多种艺术形式展示人物、事件和活动，增强学生对党课的沉浸感。

形成"美育+志愿服务"工作机制。探索创建"艺术关爱"高校美育义工计划。通过招募、训练和服务，注重义工服务的实效，将"艺术治疗"和"精神辅导"等学科的研究成果与美育义工的实际结合起来。

建立"美育+校园育人"的工作体系，将美育与学生的日常生活紧密结合，是一个重要且有效的方式。例如，通过宿舍乐团的线上展示和线下分享，以及校园内的经典作品展示等方式，可以实现这种融合。通过展示和评价优秀案例，引导同学们美化自身居住环境，营造一个适宜的居住氛围和艺术文化氛围，从而提升生活园区的美育工作水平。

（四）统筹整合美育资源，夯实美育保障基石

因此，必须重视美育师资队伍的建设，提升他们的思想政治素质，以提

高教学质量和学生的综合素养。引进外部优秀艺术家来充实学校的美育教师队伍是一种可行的方法。

此外，配备充实的实验及教学设施对美育的实施起着关键作用。需要构建能够满足美育教学与实训需求的场地和设备，并建立相应的支持体系。可以采购必备的美育实践教具，同时在校园内兴建音乐厅、展览馆等美育场馆。与此同时，与本地美育场馆及教学设备共建共享，以提高美育实践设备的利用率。这样的做法有助于优化资源配置，提升美育教学与实践的效果。

扩大美育的教学资源也是重要的一步。可以将美育的选修课程与各个专业的课程相结合，开辟多种美育途径，并加强学校与地方的合作，扩大与外部的资源合作。积极引进国内外的美育和实践项目，鼓励学生参加学校以外的高质量美育活动，并与社会上的文化、艺术组织共同开展美育项目和活动。同时，将美育与其他活动结合起来，组织学生参加美育的社会实践和公益项目。在"互联网+"的新形势下，还应加大美育教学优质数字化资源的开发力度，充分利用互联网资源提供更多优质的美育内容和学习平台。

第二节　高校美育服务社会的意义及路径研究

在当代的背景下，高等教育机构应紧跟时代的脚步，不断进行创新和发展，以满足人民日益增长的精神文化需求。我国明确要求高校美育提高教学质量、加强美育教师队伍建设、深化教学内容改革，并明确了高校美育的任务和使命。大学美育应以社会服务为导向，为社会培养有价值的人才，以适应社会需求。大学应发挥自身专业特长，提高公众的人文素质，并与同行合作参与地方文化的传承和发展。通过拓展实践途径，满足人们对美好生活的追求，为人们的美好生活提供新的道路。同时，高等教育机构应加快自身发展，建立终身教育体系，提供广泛的学习机会和培训课程，促进教师和专业人员的继续教育，加强与社会各界的合作。深化高校的社会服务功能，积极参与社会服务活动，解决问题，推动科技创新和社会进步。综上所述，高等教育机构应以社会需求为导向，注重美育的实践与创新，建立终身教育体系，深化社会服务功能，满足人民日益增长的精神文化需求，推动社会进步和人的全面发展。

一、高校美育与社会的内在联系

教育与社会的联系是一门值得关注的学科。自人类社会出现以来，教育一直是社会的重要组成部分。社会是高等教育的基础和依托，大学教育的内容和人才培养需求都深受社会的影响，两者相互依赖、密不可分。

美育作为社会发展的必然产物，已经成为衡量社会发展水平的重要标准。随着高校教育的兴起，美育扮演着社会审美观念的主要传播者和实践者角色，在大学生社会化过程中发挥着关键作用。因此，将高校美育人才培养目标与不断增长的社会美育需求相结合，不断满足人们对美好生活和时代发展的精神需求，作为社会大众文化发展的有力补充，具有实际意义。这包括建立科学的美育体系、提升美育教学质量、深化社会服务功能和增强学校的影响力等方面。

二、高校美育服务社会的重要意义和价值

美育是一种将思想与艺术融合的教育形式，它将艺术内容与表达方式与现实生活高度结合。美育的发展与教育不仅仅依赖于学校，更需要全社会的协同合作。

（一）能够增强社会大众心理素质、审美观念、人格建设

在大学中，美育具有重要的意义，有助于构建和谐社会，培养出良好的公民心理品质。通过培养学生稳重、严谨、踏实、细致的品格，锻炼其心理素质，帮助他们建立自信心，以更好地为社会服务，形成积极向上的精神风貌，激发他们勇往直前、积极进取、乐观向上的精神状态。

另一方面，高校美育还为社会提供服务，树立人们的审美理念，培养创造力，并促进审美趣味的形成，发挥了积极的促进作用。美育作为美育的主体，进一步推动人们对美的正确认知和追求。高校美育的成果也为大众的艺术创作提供支持和启示，提升大众的创造力和发展潜力，帮助形成独特的个性。

高校美育的目标是通过教育和感化社会大众，提升他们的思想情操，培养他们的艺术鉴赏能力。在欣赏美的过程中，人们受到美的熏陶和影响，使得他们的人格朝着善、美和真的方向发展，更加完美和高尚。美育通过培养人们对美的感知与体验，帮助他们提升审美情趣和欣赏能力，从而培养他们的审美素养和情感境界。

（二）能够满足社会大众多元文化需求

目前的情况下，我们的美育主要依托于学校教育，但在内容和形式上缺乏生活气息和普适性。通常只在学校接触音乐、舞蹈等美育类课程，美育并未真正实现大众化，人们对美育的需求也没有得到充分满足。从这一点可以看出，大学美育和社会美育之间存在相互促进的关系。

美育通常被广大群众视为高雅艺术，因此，高校的美育应与大众文化紧密结合。通过举办各类大众美育活动，将高雅艺术与大众艺术形式相融合，不仅可以满足人们在工作闲暇时对丰富美育内容的需求，同时也充实了大众文化的内涵。这样的举措不仅提升了公众的审美观和创造力，还为学校赢得了良好的声誉。以大学在社区组织绘画活动为例，这种做法实现了对公众的情感教育目标，提高了人民群众的美学品位和素养，为人民群众的人文素养不断提升打下了坚实基础，进而提高了人民群众的艺术欣赏能力和美学品位。

近年来，随着社会公众对美育的关注度不断提高，越来越多的人积极参与美育活动，涌现出一大批民间艺术精品和艺术传承者。这些现象在社会层面上为美育发展提供了巨大的推动作用。在这个过程中，民间艺术传承者们所具备的高超技艺为大学艺术创作提供了丰富的经验和技术支持。通过高校美育和社会美育的共同努力，实现了一种共赢的局面。

（三）能够促进高校美育教学与实践能力提升

为深入学习和贯彻美育精神，高校师生积极展开校外互动，与当地各行业进行交流。通过大学生志愿者服务和暑期演出等活动，建立了师生与社会之间的多元良好关系。这些活动在不同程度上提升了高校的美育实践能力，使美育成果更加丰富多样。

在大学中，美育的实践活动需要拓展美育的内涵，以促进实践活动方式的创新。在实习内容方面，地方大学应不断充实实习内容，为社会服务做出更好的贡献。美育的实施应当以社会为重点，关注普通民众的精神文化需求，深入研究中华审美精神，并对其进行深入学习。要了解社会发展动态，坚持以民众需求为导向，将学校美育实践与社会美育实践紧密结合，选择广受欢迎的内容，使大学教育中的美育服务更加贴近民众的生活。

在实践方式上，大学美育应以多种形式开展，打破学校教育的局限，以丰富的社会实践活动为载体。这将使大学教师和学生的视野更加开阔，更好地理解人民的心声，拓宽美育的社会实践途径，使实践与理论相结合。通过这样的实践，可以明确大学人才培养的目标，将国家和社会的需求与教育工作有效对接，为国家和社会培养合格的人才做出贡献。

（四）促进高校美育教师队伍建设

为了在高校中实施充满活力的美术美育，必须建立一支充满活力、具有高尚师德且精通专业技术的教师队伍。构建高质量、结构合理的美育师资队伍至关重要，以确保美术美育的有效实施。然而，从当前的实际情况来看，我国各高校间的美育师资配置存在较大差异。一些学校面临着美育师资短缺的问题，现有的美育教师专业水平不高，难以有效调动广大教师参与社会美育活动。为了解决这些问题，必须采取措施建立一支充满活力、高尚师德、业务精湛的美育教师队伍。

为解决上述问题，高校可以采取一系列措施。首先，通过搭建院系和校际合作交流平台，整合学校的教师资源，促进师资队伍的合理配置。与此同时，政策引导和扶持措施可以提高美育教师岗位的吸引力，吸纳更多优秀的教师加入美育行业。通过加强科研引领和活动推进，提升教师的教育教学能力和质量。为教师提供丰富的培训资源和教学方法，协助他们更好地开展美育工作，不断提升自身专业水平。

三、高校美育服务社会的路径

高校美育的目标是培养学生的审美能力和人文素质，通过全面加强和改善美育教学内容，以及提升地方院校的美育服务能力来实现。高校美育承担着对当代大学生进行三观教育的重要责任。在经济快速发展的背景下，寻找适合地方文化发展的途径是提升地方院校美育的有效方式。高校可结合地方文化发展与学科建设，实现与地方双赢，发挥教育功能和利用本地音乐资源，打造具地域特色的学校，加强高校美育服务功能，提升社会美育水平。

（一）发挥高校美育的引导和示范作用

充分发挥高校美育的作用并提升其价值取向是目前急需解决的问题。存在的一些问题包括推动机制缺乏整体性和协调性，以及对美育的社会服务职能理解不充分，导致大学美育难以发挥引领和示范作用。因此，我们应该采取相应的措施，构建全员、全过程、全方位的育人格局，将美育与思想政治教育、大众文化教育等要素紧密结合。采用更柔软、更能内化于心的教育方式，更好地为社会服务。这样的综合举措有助于推动高校美育的全面发展，提升其在社会中的示范和引领作用。

高校在实施美育时，可以科学地将其与学科建设相融合，以引导教育的内容与方法，发挥标杆示范作用，创造出沉浸式且实践性的美育生态，使每个人都受益。举例来说，高校可以建立乐团，前往基层社区和街道演出，唱好歌曲，表演当地的歌舞，并传授基本的音乐常识。这种表现方式有助于培养个人的情感，并提升人们的艺术美感水平。

（二）立足中华传统文化，丰富大众文化培育载体

高校教育在中华传统文化的实践、继承与发扬中扮演着重要角色。然而，优秀传统文化的传承并非一蹴而就，而是需要一代又一代的不懈努力，以维护教育的传承性。在此基础上，高校对我们国家的优秀文化基因进行传承与发展，不断丰富大众文化的内涵。

高校承载着一代又一代人的使命。在持续的努力中，它们发挥着教育的传承性。同时，高校有责任去发掘中华传统文化的精华，并使其符合时代发展的需求。它们以当代文化的发展为切入点，将中华优秀传统文化作为培育的重要载体，不断丰富和发展，并从中汲取营养。

这有助于满足人们不断增长的文化和精神需求。举例来说，高校可以与社区、街道等部门合作，将中华优秀传统文化作为传播的媒介，将这些优秀传统文化渗透到人们的思想道德、文化知识和艺术中。在体育等领域，它们大力弘扬优秀传统文化，以提升人民群众的文化素养，推动社会主义精神文明建设。

大学美育则通过提炼和发掘中华文化丰富的资源，将其中优良的思想与艺术价值，通过对大众的美育进行传播。

（三）寻求校地合作，构建多元化美育实践基地

高校美育的社会主体包括高校、社会力量以及社会大众等。为更好实现美育目标，高校应寻求校地合作，建立多元化美育实践基地，提高美育质量。一方面，高校可与全社会合作，整合社会各类教育资源。在社会的支持下，利用社区等平台，使各类美育资源在社会中得以实施，实现美育的正常化。同时，高校应承担培养高校生美育的主体任务，成为美育的主要阵地。注重培养广大群众的核心骨干和人才，充分利用高校教师的资源优势，展开专业知识讲座、艺术创作成果整理、艺术遗产收集等工作，使美育更好地服务社会。学校可聘用一批具备文化素养和实际操作能力的民间艺人，并举办各种形式的艺术展示活动，丰富公众的美育内涵，促进美育爱好的交流，为市民提供更多服务。高校应联合本地同行和社会资源，整合社会教育资源，加大对群众美术和文化的支持。为更好地开展基层群众的美育工作，应使社区美育更加充实和健全，为社区美育打下基础。例如，高校可与当地社会组织签订合作协议，建立大学与社会的互动合作模式，通过举办画展、讲座或教学活动等各种主题服务，将高校里优秀的美育教师引入社区美育，丰富社区文化生活，提升社区居民的文化品位。通过提高美育为社会服务的能力，高校与管理部分、社会力量和社会大众共同努力，促进美育的发展和普及，推动社会的艺术与文化进步。

（四）建立美育服务云端平台

在当今信息时代，多媒体迅速发展，人们不再受限于时空，信息传播迅捷便利，已经融入我们的生活。在向公众推广美育的同时，高校可以整合校园内的教育资源。通过短视频平台、直播、录播等形式，传承和弘扬具有时代价值的文化精华。通过多种形式的美育，使学生和受教者都能受到美育本身的熏陶，达到美育的目标。在此背景下，我们应探索出一条具有时代特色的美育改革与发展新路径。需要明确的是，当前的大学生群体是在网络信息环境下成长起来的，他们的反应速度较快，思维活跃，能够紧跟互联网发展的步伐。然而，他们也存在一些不足之处，例如在网络世界中，对于网络传

播内容真实性的鉴别能力有待提高。

在进行社会美育"云"实践的过程中,高等院校还应建立起完善的监督机制,优化对"云"服务内容的筛选机制,加强对大学生和媒体受众思想意识的正确引导,以便最大限度地发挥"云"服务的优势。同时,我们将以云端的形式向社会共享优质的美育资源和成果,不断丰富高校美育服务社会的内涵。

第六章　高校美育解困对策研究

第一节　深化高校美育理念

观念是行为的先导，审美观念是审美行为的根本。在高校中深化审美观念对于提高教师和学生对审美的认识和认同至关重要。这不仅有利于确保美育教学活动的正常进行，还能推动美育在高校中的实施。同时，全面且正确地理解大学生的审美观念也是重要的。

一、明确高校美育工作政策的意蕴

高校美育教学方针既确定了大学美育教学的发展方向，又明确了高校美育教学的主要内容。同时，针对高校美育教学中出现的问题，提出了一些有指导意义的建议。正确理解和掌握学校美育的理论内涵，有助于学校和美育工作者及时掌握新形势下美育的发展动态，从而对学校的美育起到积极的作用。

（一）明确要求

美育工作以立德树人为核心，以提升大学生的美学素养和人文素养为目标，以正确导向为原则，面向全体学生，以改革创新为动力。美育的教学过程应以全体学生为对象，贯穿于学校教育的整个过程，注重培养学生的品德和美好心灵。通过美育的指导，学生应树立正确的审美观念，成为德智体美劳全面发展的人才。

（二）明确任务

在高校美育中，将美育的改革视为重要路径，从美育、专业美育和艺术师范教育三个方面着手，根据学生的实际需求，为他们提供优质的公共美育课程和丰富多样的美育实践活动。

（三）明确措施

加强美育师资队伍建设，深化美育教学改革，推进文化传承与创新；提高大学生为社会服务的能力水平，提升大学生美育的发展水平。在此基础上，提出加强大学生美育的方法论。

（四）明确组织保障

首先，学校应承担教育工作的主体责任，成立美育工作的专业组织，明确各自的职责。学校领导应担负起首要职责，其他部门的人员应配合工作。其次，主管部分应进行统筹规划，根据学校的实际情况，为学校的美育提供资金支持。

（五）最后完善评价监测督导

及时评价和反馈大学生美育的开展情况，确保各项工作得到有效实施。大学应全面解读美育工作的政策，将各项要求贯彻落实，以美育引领办学，让大学生在美育中获取更多力量，为未来社会的发展做好准备。

二、重塑高校美育理念的认识

发展并提高学生的综合素质。现代高校美育应该在理论、实践和人的精神层面上全面渗透。因此，只有确立正确的美育观念，才能在大学中营造出良好的学习美育的氛围。

（一）要认识到高校美育是"以美育人"的教育

我们应该明确高校美育的本质是以美育人。美育以培养学生的审美能力为前提，可以积极、正面地影响学生的心灵和行为，从而达到培养学生道德素养、促进学生德育发展的目的。在美育中，通过情感的激发，可以激发学生的理智感和成就感，有效提升学生的智力水平。此外，将美育融入劳动教育中，可以让学生更好地理解劳动的价值意义，使劳动不再只是辛苦的行为，而成为创造美好生活的重要过程。因此，我们必须转变对美育的片面理解，从"人"的角度来考虑，使大学美育成为一种闪耀着人性光辉的教育，成为一种全面的教育。

（二）要认识到高校美育是贯穿人的发展全过程的教育

我们应该认清高校美育是一种贯穿于人的全面发展的教育。这个全过程不仅指的是高校学生受教育的每一个阶段，也指的是美育渗透在各个领域。无论是在课堂上还是课外，无论是在任何学科中，都应该贯穿美育。此外，美育应该是一种贯穿一生的教育，从最初的理论学习到后来的实践参与，直至最终影响学生的品行和精神品质。因此，高校应该充分认识到美育对学生成长的长远而深刻的影响，并提升高校美育的地位。

（三）要认识到美育是培养和激发创新创造能力的教育

在美育的过程中，引导学生对具体事物进行美丽的想象，可以帮助他们扩展思维，培养独立思考的能力，并使他们更好地发挥自己创造美的能力。这旨在培养学生的创造力。创新是推动发展的主要驱动力，为了推动社会的快速发展，高校需要认识到美育对创新能力的培养，为社会培养更多具备创新意识的高素质人才。因此，只有在新的观念指导下，学校的美育才能有新的发展，并取得更大的突破。

三、改革高校美育的管理体系

美育是一个综合性和系统性的课题，在大学中实施美育需要充分发挥各种资源的作用。为了达到良好的实施效果，高校应采取一系列措施，如建立健全的综合协调机制、加强学校组织领导以及建立美育工作评估机制等。

考虑到美育的广泛覆盖面，我们应遵循大学教育的内在发展规律，确保评价模式具有客观性、多层次性和全面性。在教学过程中，教师对学生的审美素质、情感体验和价值观培养起着重要作用，因此教师的教学质量和效果都需要大幅提高，包括个性修养和全面素质培养等方面。同时，应采用多角度的评价方式，结合个人评价、小组评价、教师评价和校内专家评价等，构建全面客观的评价体系。评估方法也应多元化，涵盖课堂内外以及教育学、心理学、管理学等领域，以使评估结果更具科学性和全面性。

每所高校都应建立完整的美育管理系统，有组织、有计划地推动高校美育之发展，确保实现各项要求和目标的切实落实。

第二节　重视美育师资队伍建设

荀子有言："国将兴，必贵师而重傅。"在高校美育中，教师担负着承上启下的重要职责，不仅需要确保对学生进行美育，还需正确指导美育的方向。因此，必须加强美育的师资队伍建设，充分发挥教师的主动性，以改变当前高校美育简单化和片面化的现状。

一、建设美育师资培训体系

目前我国缺乏一支强大的美育师资队伍，美育教师的专业素质有待进一步提升。为改变这一状况，需要构建全新的美育教师培训体系，确保美育教师在完备的培训体系中接受专业培训，以确保美育的教学工作顺利进行。

首先，高等院校应当优化整合美育教师队伍，通过公开、公平的招聘渠道，从全国范围内选拔优秀的美育教师，并扩大选拔范围。通过笔试、试讲、结构化面试等多种形式，筛选出具备专业素质的美育教师，并由他们牵头开展美育师资培训，以提升整体美育师资的素质。其次，高等院校应对美育教师进行系统的培训，从美学理论到教育实践，提供丰富的专业理论知识作为教育实践的指导。在教学实践过程中，应注重对理论知识的应用测试，强化理论与实践的结合。通过这种方式，让教师们充分认识到美育对学生发展的重要性，提升师生对美育的重视程度。此外，还需为美育教师提供更多美育资源和教学交流的机会。高校可邀请德艺双馨的艺术家举办讲座、专题会、报告会等活动，拓宽美育教师的视野，提高他们的专业水平。学校还应与区域内其他学校建立联系，为教师提供相互学习和交流的机会。此外，大学还可定期举办美育教师课堂展示比赛或美育教师基本功评选活动，促进教师之间的经验总结和相互借鉴，不断提升教师水平。同时，学校应提供评职称的机会，激发教师对美育工作的积极性，确保美育工作的热情。最后，在培训教师时，结合学校实际情况制订明确的培养目标、计划、内容和时间表，确保美育教师具备整体性和正确性，避免将高校美育与其他教育混淆。在当前的高校美育工作中，培养一支优秀的美育教师队伍、建立完善的培训体系至关重要，这能有效提升美育教师队伍的整体素质和专业水平。

二、加强教师专业审美素养

美育教师的专业化水平确实不仅仅依赖于培训体系，而且需要注重教师本身的专业审美素质。提高教师的专业审美素质是美育教师不可或缺的一环。

教师在对学生进行美学教育时肩负着重要责任，因此，一位优秀的美育教师必须从内心深处具备美学素养。第一，教师本身应具备良好的品德和积极乐观的人生态度。教师的人格魅力和言传身教对学生具有潜移默化的影响，因此在日常的教学活动中，教师应注重仪容仪表，树立良好形象；同时，在日常生活中展现优雅的生活氛围，让学生在日常生活中感受到美的存在。第二，美育教师应具备较高的美学敏感度，将美育与时代发展的美学观念紧密联系。教师应以发展性的观点看待美育，丰富美育的内涵，拓宽其范畴，培养学生的审美能力，使之与社会发展的目标相适应。结合教学内容与时代发展，能够更好地激发学生的学习兴趣，让美育具备更好的切入点。第三，教师应具备一定的美育和教育学知识。教师具备美学素养可以发挥审美导向的作用，更好地引导学生发现美、感受美。同时，具备较高的教育学素养能够根据学生的学习能力和心理特征，采取灵活多样的教育方法，并结合适当的教学媒体，以达到最佳的美育效果。高校美育的教学质量与美育教师自身审美素质的提升密不可分。高校教师不仅要做好传道授业的工作，还要注重立德育人的工作。

三、提高教师美育教学能力

教师的美育教学能力是指教师在教学活动中对美育教材的领悟、对美育观念的提炼等方面的实际体现。提升教师的美育教学能力对于有效传递美的理念和实施美育至关重要。

首先，教师需要深入理解美育教材，把握其中的教学内容，并将美育的主要内容和要点精神提炼出来。在教学过程中，教师要准确传递美育的理论知识，帮助学生建立正确的美学观念和审美价值观。同时，教师还需要运用适当的课堂实践，提高学生的审美感知力和审美敏锐度，让学生在各个学科和生活中都能感受到美的存在。

教师还应了解学生的审美能力和兴趣爱好，因为美育的目标是学生。通过对学生基本的审美素养和兴趣爱好的了解，教师可以更好地准备教学素材，并在课堂上与学生展开讨论，拉近彼此之间的距离。教师可以根据学生的审美差异，引导他们正确鉴别各种美的现象，以正确的态度看待社会现象和大众文化。

其次，教师需要灵活运用教学方法。根据不同的美育内容，教师可以选择适当的教学方式，如授课法、辩论法、小组讨论法、情境教学等。同时，教师可以运用多媒体和美育作品等多种教学手段，创造积极愉悦的课堂氛围，拓宽学生的信息接受面，强化学生对美的认知。

除了课堂教学，教师还可以将教学与课余活动相结合。通过组织学生参与野外观察、调查和体验美的活动，将美育融入学生的生活中，从而在无形中对学生的成长产生潜移默化的作用。

最后，提升教师的美育教学能力是实施美育、传递美的理念的重要环节。教师的角色不仅是知识传授者，还是学生审美意识培养者和引导者。通过加强对教师的美育能力的培养，可以提升每堂课的教学效果，进一步提升美育的实施效果。教师需要对美育教材有深入理解，运用适当的教学方法和实践活动，了解学生的审美能力和兴趣爱好，并将美育融入学生的生活中。这样，教师能够更好地传递美的理念，培养学生的审美意识，促进学生的审美发展和成长。

第三节 加强高校美育课程建设

在大学中，美育课程的设置直接影响到了高校美育的内容和发展方向。高校美育课程的设置应包括必修课和选修课两种形式。通过对美育课程的优化和升级，可以提升美育的普遍性，加强美育的科学性和操作性，从而达到美育的目标要求。

一、注重美育课程体系的设置

在现代社会中，数字和影像的普及使人们的美感感知变得迟钝，所接触到的事物也变得不真实。这对人的全面发展构成了严重阻碍。因此，美育作为一种感性的教育，其首要任务是使人认识外在的世界，并将个体与客体的世界融为一体。为了实现这一目标，大学在选择美育课程的内容时应按照由表及里、由浅入深的逻辑顺序进行安排。从学习美育的理论知识开始，逐步提高学生的审美欣赏能力，最终培养他们的审美创造力。同时，审美教学应合理设计教学内容，使其能够从情感到行为，产生深远的影响。通过培养学生的感知能力、理解能力以及创造力，美育能够帮助学生在美的领域展现个性和创造力，从而推动其全面发展。

（一）理论课程的设置

美育基础课的设置对于确保学生获得美育基础知识至关重要。这包括《美育理论》《美学理论》《大学美育》等课程，应作为大学生的必修课。通过教授和解读美育、美学、美术等基础知识，学生可以初步了解美育，并在此基础上培养基本的道德素质和审美观。学生应在思想观念上重视美育学习，并认识到美育对于个人品格修养的积极作用。此外，将美育与艺术、科技、文学等学科结合的课程也可以设为选修课。科学、技术与美等学科不断丰富美育教学内容，为美育教学提供更广阔的选择空间，进一步提高美育教学的积极性。

（二）鉴赏课程的设置

在课程内容的设置中，除了基本的理论学科知识，还应增加一些具有鉴赏性的内容，以加强学生的情感共鸣，并培养他们对美的欣赏能力。通过对具体、形象事物的欣赏，学生能够直接观察和欣赏审美对象的内容和本质，从而产生愉悦、共情等情感。这种丰富的审美体验有助于学生理解美育理论并提高他们的审美鉴赏能力。在美育课程中，欣赏的内容不仅应涵盖经典之作，还应与日常生活和学习相结合，以提升学生的审美鉴赏能力。

（三）创造课程的设置

"审美创造是人有意识地创造美好事物的心理活动、实践行为和创新成果。"因此，美育应在学生的审美经验基础上，促进审美创造的实现。学校可以通过美育实践活动，在学生的实践中让他们感受、感悟和创造美。通过诗词等多种形式，学生可以以独具一格的方式展现他们对美的理解，这不仅增强了学生对美的认知，还以多种形式表达美，大大增强了学生的创造性，丰富了学校的美育文化。在设置实践内容时，应遵循一些基本原则，如主题要优雅，内涵要丰富。尽管美育资源有限，工具设备受限，但要充分考虑学生的实际情况，并降低对表现形式上的技巧要求。最重要的是让学生用独特的作品表达自己的审美感受，这才是艺术创作的最高境界。

二、注重美育课程内容的综合性

随着时代的进步和人民思想水平的提高，美育的研究不再仅限于对美的认知，而更多地探讨审美与人的关系。然而，人性复杂多变，要真正实现"以人为本""以美育人"的理念，就必须注重艺术教学内容的全面性。从学科、时间和空间的角度出发，我们需要从多个方面、多个层次改进美育课程的内容，全面提高美育课程的质量，使高校中占比较少的美育课程能够充分发挥作用。

（一）课程内容的学科综合

美育具有学科渗透性的特征，这意味着美育与其他学科能够相互渗透。为了掌握美育与其他学科的关系，要将美育内容与其他学科知识相融合，实现美育的学科综合性。美育注重自然、艺术、社会等方面的美，但科技美在表现形式上也各有不同。不同形式的美与各学科范畴相关，在进行美育时，必须对特定形式的美做出特定诠释。在此基础上，应加强相关学科的教学，让学生了解美育与其他学科的联系。然而，实现艺术教学的多层次、多维度的综合既要求教师具备良好的美育渗透能力，又需要遵循"适度"的基本原则。只有恰当把握美育作为中心环节，协调美育与其他学科的主次关系，才能实现美育内容的学科综合性。

（二）课程内容的时间综合

从历史的角度来看，高校美育课程具有时代性、连续性和典型性等特点。美育教学内容的一致性意味着将美育教学贯穿于学生的整个学习过程。从大一到大四，每个学期都要根据学生的发展情况进行科学的规划，以形成统一而有针对性的美育，从而对学生的成长产生深刻而持久的影响。美育教学需选取有代表性的典型主题，以确保内容的连贯性。历经时间的考验，这一方法获得了历代学者和教育家的认可，其正确性得到了充分验证。在有限的艺术课程中，学校应将最有价值、最优秀的艺术作品传达给学生，以发挥最大的影响力。美育内容应与时俱进，以适应当代大学生的特点。大学生愿意接受新事物，具有强大的新观念接受能力。因此，美育的内容必须与时代保持同步，满足学生的发展需求。针对大学生的美育内容应顺应时代潮流，选择当前受欢迎的艺术作品和与学生生活息息相关的主题。从学生感兴趣的角度出发，进行理性教育，让他们理性认知当下的流行趋势和事物，培养正确的人生观，弘扬美育的精髓。

（三）课程内容的空间综合

从"空间"角度来看，美育需注重"面向全体"与"满足"的发展。面向全体学生意味着在不分级别、不分专业的情况下设置美育课程，旨在确保每位学生都能接受同等水平的美育。同时，应根据学生的不同性格和爱好，进一步充实美育的内容。不同高校由于地理位置的差异，在美育资源上各具优势。基于此，应加强跨区域、跨院校的交流与借鉴，实现美育资源的共享与优势互补，丰富美育课程的内容。通过最大程度地利用区域内的美育资源，实现最大程度的美育效果发挥。

三、注重美育课程形式的多样

（一）注重理论与实践相结合

"学以致用"意味着在课内和课外都要实现"知行合一"。在高校美育教材中，理论性和实践性往往被分离，这导致学生在学完后容易忘记所学知识，对他们的学习不利。在教学中，教师应当自觉地结合美育实践，利用恰当的审美客体帮助学生更好地理解并记住所学的理论知识。在教学过程中，需要让学生认识到使用正确的审美理论来指导教学，并培养一定的审美能力。另外，理论与实践的结合也至关重要。美育不仅要在课堂上进行，还要在课外进行。学校可以设立美育社团，邀请专业美育老师进行一系列专题讲座，同时组织一些高水准的艺术进教室活动，为同学们提供直接接触和参与艺术交流的机会。此外，还可组织学生参观艺术展览、观赏戏剧和音乐表演，通过观赏艺术片等方式提升学生的审美能力。理论联系实际并非易事，但只有不断实践探索，才能真正推动美育内容的拓展。

（二）翻转课堂模式的介入

为了提高课堂教学效率，必须加强学生的主动性。教师要实现良好的美育效果，必须让学生积极参与其中。翻转课堂就是将学习主动权还给学生，让他们在课前通过视频、网络等形式完成学习。在教学过程中，学生能够与老师充分交流，提出他们不了解或关心的问题，并得到解答。老师在充足的教学时间里，能够与每个学生有效交流，解决他们的疑问。课堂结束后，学生可以自主决定学习内容，老师则充当助手，协助完成学习计划，从而有效地进行学习实践。然而，在实际操作中，教师需要做好充分的准备。课堂之前，教师应准备简短且有针对性的教学视频。在教学过程中，要充分运用自身的美学知识，解答学生提出的各种问题。课堂教学中，老师可以针对不同学生提供个别指导。这种方法强调学生的主体能动性，培养了自主学习能力，有助于解决美育中的问题。

（三）形式多样的线上模式

随着网络信息技术的发展，现代美育课程可以利用线上教学模式，并借助现代科技手段呈现。通过开设网络直播课和保存教学录像，学生可以随时观看美育教学内容。同时，使用学习应用程序可以安排学生完成作业和功课，并在课堂之外进行辅导和督促。此外，线上课程平台提供全国范围内的优质美育课程，学生可以通过搜索关键词"美育"来获取更全面的美育知识。这些科技手段的应用能够帮助整合美育资源，解决地理和资源限制，促进美育资源的共享。通过科学方法实施线上教学，大学生和教师能够在更宽广的美育学习平台上获得更好的教育效果。

第四节　重视学生审美能力培养

在高校美育的实施中,大学生自身的审美能力对教育效果具有重要影响。当前的情况是,大学生普遍存在审美能力不足、审美单一以及审美价值观偏差等问题。因此,高校应该重视培养学生的审美能力,通过环境建设、文化建设和实践活动等方式,引导学生形成正确的审美取向,提升他们的鉴赏兴趣,扩展他们对美的认知,帮助他们走出审美困境,树立正确的价值观。

一、建设优美校园环境

一个良好的校园环境为学生创造了基本的美学氛围,潜移默化地影响着他们的审美观念和审美态度。大学可以通过景观设计、建筑艺术、艺术品展示等方式,打造美丽宜人的校园环境,激发学生的审美感知和欣赏能力。

为了营造良好的高校校园环境,需要关注物质环境和心理环境两个方面。在物质环境建设方面,学校可以从建筑、教学场地和设施等方面着手。设计校园建筑时,可以融入美学理念,注重对称性、流畅的外形和鲜明的色彩,以潜移默化地影响学生的审美取向。同时,通过园林设计等手段,创造柔和宜人的校园环境,让学生在美的环境中观察美、感知美。

此外,随着科技的发展,学校可以为学生提供良好的学习环境,通过校园网络、多媒体设备等方式支持学生的学习和创造活动。在构建教学环境的同时,学校还可以提供更多的课外活动室和器材,为学生丰富的课外活动提供支持,开展各种文化活动,让学生有更多的机会接触和体验艺术。

除了物质环境,心理环境的建设也十分重要。和谐的人际关系、积极向上的学习氛围和人性化的管理体系都是营造良好心理环境的关键。学生应积极与教师交流,与同龄人保持友善的态度,建立良好的人际关系。学校应凸显其历史传承中的精神文化,同时融入当代主流精神和创新意识。管理制度应以人为本,注重情感熏陶,提高学生对学校的认同感。

综上所述，校园环境的营造涉及物质环境和心理环境两个方面。通过优美的校园建筑、设施和良好的人际关系，创造积极、美好的学习和生活环境，可以促进学生身心的健康发展。同时，注重培养学生的审美能力、提高审美取向，通过文化活动和教育引导，帮助学生更好地理解和欣赏美，拓宽他们的审美视野，提升整体的美育效果。

二、营造校园审美文化

在高校，审美文化是一种潜在的教育资源，而学生则是高校的主体。高校应重视发展校园审美文化，旨在促进学生的全面发展。在当前多元文化的时代，发展校园审美文化不仅是高校审美文化建设自身的发展要求，也是实现全面育人的重要途径。

高校的美学文化建设可以从以下几个方面展开。

（一）构建课堂审美文化

课堂教学是学生接受美育的关键环节。将审美文化融入课堂教学中，可以更好地传递美育理论知识，同时通过创造良好的审美氛围，用更多的文化元素来丰富课堂教学。举例来说，可以利用中华优秀的传统文化进行美育，让学生从中受益。传统文化中蕴含着丰富的哲理和辉煌的历史，对学生的生活和学习都具有重要的帮助。将传统文化引入教学中，可以帮助学生纠正在审美活动中可能出现的误区，使美育活动回归正确的轨道。

（二）构建和谐网络文化

网络是大学生获取知识的重要渠道，而网络文学、网络影视作品和网络交流等是网络文化的重要组成部分。然而，在网络文化的传播过程中，存在着意识形态问题和网络诈骗等不良现象。因此，在高校中必须重视网络文化的安全性。通过组织班会、举办讲座、开展调查问卷等方式对学生进行教育，传播正确的价值观。高校应对学生进行正确的网络教育，提高他们辨别是非的能力。

（三）注重校园艺术的发展

优秀的艺术作品能够净化人们的灵魂，丰富人们的精神世界。高校在办学的同时，应注意到艺术对学生的积极影响，积极推动学校开展美育，将高雅的艺术文化融入学生的发展中。这样，学生能够更多地从艺术作品中体会到美的表现形式，感受到艺术作品所传递的人生价值。以艺术文化为载体，在高校校园中展示美学文化的魅力，为学生的美学发展创造有利环境。构建校园文化的方法有多种途径，需要在实践中进行持续而积极的探索，才能使审美文化在高校美育中发挥更好的育人作用。

三、丰富校园实践活动

课外实践活动的内涵是："通过艺术美、自然美、社会美的欣赏和体验教育学生以审美的态度对待人生。"丰富多彩的校园实践活动是高校美育的重要组成部分，能够加强学生在各个层次上的情感体验，提升他们的审美能力和意识。

在艺术实践活动方面，大学可以组织各种形式的艺术展览、演出和文化成果展示，围绕特定主题展开。此外，邀请知名艺术家入校举办音乐、美术和戏剧表演等活动，能够为学生提供与专业人士交流与学习的机会，激发他们的艺术潜能。同时，可以组织校园晚会和庆典活动，让学生参与并展示自己的才艺，引导他们走出校园，到博物馆、美术馆等文化场所进行观摩和体验。

在自然活动方面，学校可以利用地域特色，安排学生到森林、大山等自然环境中进行观察和体验，培养他们对自然美的感知和欣赏能力，以及人与自然和谐共存的意识。

在社会实践方面，学校可以组织学生参与不同民族和地区的风俗文化体验，拓宽他们的审美体验范围。此外，参与志愿者活动可以让学生感受到不同人群的生活状况，提升他们的社会责任感和人文关怀，丰富内心世界。

第七章 美育融入大学生思想政治教育相关理论概述

对于推动美与美育的融合,深入研究和掌握美与美育的含义是十分必要的。

第一节 相关概念阐释

一、美的内涵

美的内涵在不同文化和哲学体系中有着不同的解释和理解,包括中国古代和西方学者的观点。

中国古代对美的理解强调自然、素朴和无为的观念,将美与丑看作相对的概念,并认为它们之间存在相互转化的关系。美被视为多个角度解释的概念,既有外在形态,又有丰富内涵。孔子将"仁"作为美学的最高准则,并强调道德与美的关系。中国古代美学注重以自然和无为的态度来看待美与丑的对立,并以道和无名论为最高哲学范畴。

在西方,黑格尔把美看作主客体、形式与内容、理想与现实的统一。美是人类本性力量的客体化,是劳动的产物。美即为人的主观意识通过实践改造客观世界的过程,并将其视为人的本性力量的对象化。

通过对美的多元理解和解释,我们可以更好地引导美育实践,并在实践中培养学生的审美能力和意识。同时,通过实践和创造,我们可以探索美的本源和内涵，拓展美的界限，推动美的创造和表达。

二、美育的内涵

美育是一种独特的情感教育，具有不可替代的特性、功能和规律。其内容丰富多样，横跨文学艺术、自然、科技和社会生活四个方面。美育涵盖德育、智育、体育等所有教育领域，甚至包含劳动技术教育，都蕴含美的元素。术语"美育"最早由弗里德里希·席勒提出，见于他的《美育书简》中，标志着他对美的研究的起点。席勒认为，美育并非仅指美的层面，更侧重于启发人们正确的价值观念。美育在素质教育中占有显著地位，相较于其他教育形式，其独特价值和作用不言而喻。美育能激发人的积极性，培养辨别是非的能力，塑造乐观面对困难的态度，抵制不良习惯和行为，引导人们更好地面对生活。对美育的理解可从三个层面阐释。首先，美育关注培养人的美育意识、能力和创造力，是一种情感化的教育。其次，美育能推动其他教育领域的发展，协同其他教育形式，助力人们塑造健康个性和正确人生观，实现全面发展。最后，美育鼓励人们按照美的规律对待自然、社会和生活，使其成为"生活的艺术家"。美育涵盖广义和狭义两方面。在广义上，美育被称为美育，指引导人们在社会实践中运用创造之美美化自我，达到自我发展的目的。狭义上看，美育是一种促进个体美育发展、情感解放和心灵解放的教育。通过培养感知、欣赏和创作等方面的能力，美育帮助受教育者确立正确的美育观和趣味，推动其全面发展。本文主要从狭义角度解读美育。

第二节　美育与思想政治教育的关系

美育与思想政治教育是两个相互独立的系统，它们在内容上有所区别，但彼此之间存在紧密的联系。这两者都是重要的教育领域，关系到人才的培养。在内容方面，这两个方面是互补的，并在作用上相互促进。因此，将美育融入思想政治教育中是必要且可行的。美育通过美的感性层面渗透到人的精神之中，而思想政治教育则通过道德的理性层面规范人的行为。通过将审美和育魂的双重力量结合起来，可有效提升思想政治教育的实效性，实现美育与德育的有机结合。

一、美育与思想政治教育的区别

（一）美育与思想政治教育的教育方式不同

思想政治教育是通过对社会主义意识形态和道德推理等方面教育的实施，将思想政治教育的内容转化为个体的思想，形成思想政治教育的基本方法。美育的实质在于提升学生的审美水平，培养学生的创造能力，树立正确的审美观念，使学生的身心得到协调，促进学生的全面发展，是一种将教育与娱乐相结合的教育方法。

（二）美育与思想政治教育的特征不同

思想政治教育和美育虽同为教育活动，但由于各自的本性和导向性，它们存在一定的差异。思想政治教育要坚持正确的政治立场，引导受教育者采取正确的态度，不允许任何偏离和偏差。相对而言，美育具有个性化和非功利性的特点。美育遵循"美的规律"，旨在使个体的精神、身体和语言达到完美的统一，具有独特的非功利性。在美育过程中，受教育者能够以自由、轻松、超越功利的心境来感受美，进而突破桎梏。

二、美育与思想政治教育的联系

（一）内容的互补性

尽管美育内容和思想政治教育内容存在差异，但它们之间却有着紧密的联系。美育的目标在于通过美的教育和熏陶，帮助人们塑造良好的品格、道德观念和行事准则，实现以美育人的目标。美育的本质并不带有任何功利性。思想政治教育的目的在于引导大学生树立社会主义核心价值观和培养人文素质，将现实与历史相结合，向人们灌输正确的观念，指引人们走上正道。可以说，美育和思想政治教育在内容上存在一定的相关性，它们之间相互补充和渗透。

（二）目标的一致性

在美育的实施过程中，我们应充分利用美育的方式和特征，以提升其审美价值。美育和思想政治教育都是运用特定教育方式对人的心灵、灵魂产生影响，旨在提高人们思想意识和整体素质的教育。尽管两者的教育方法有所不同，但它们的目标是一致的。美育的基本目标是培养美感、塑造美的形象、增强对美的感受，从而使人们树立正确的价值观和审美观，坚定高尚的理想和信仰，抵制各种不良诱惑，在社会中展现崇高的品格。思想政治教育的目的是培养全面发展的社会性主体、传承和建设道德的继承者，使这些继承者具备优秀的品德和学识，树立远大的理想，坚定政治意志，充分发挥其作用，推动社会的进步。在培养目标上，两者具有高度的一致性，共同致力于推动人类发展和社会的进步。二者的有机统一，对促进人的发展、社会的进步，都是十分重要的。

（三）作用的互促性

第一，美育可以促进思想政治教育的深入发展。美育的主要特点是愉悦性和渗透性，在潜移默化中对人进行教育，塑造完整、全面发展的个体，这使得人们更容易接受美育的教育。美育具有强烈的感染力，在潜移默化中对个体产生影响。将美育与思想政治教育有机地结合起来，赋予其生命力，使其内容更有条理，促进教育与人之间的感情共振与交流，才能起到事半功倍的作用。美育是情感教育，能够让人们感受到放松和无拘无束，体验到愉悦和放松的情绪，从而激发人们主动学习的冲动。换句话说，美育不是要求人们为它而行动，而是希望人们自愿接受并愿意为之努力。将美育与思想政治教育相结合，使人们在相互学习和沟通中，从被动的受教育状态转变为主动的自我约束状态，进一步加深了思想政治教育的影响。这样，思想政治教育的内容更容易被学生接受，进而促使其得到更深层次的发展。

第二，思想政治教育在美育中发挥着导向功能。思想政治教育的核心目标在于提升个体的思想道德素质，而美育则为基础审美能力、方向和素养的培养提供了支持。在实施思想政治教育的过程中，大学生可以正确地认识事物，锻炼思维能力，并逐步形成独特的审美观念。美育则致力于培养学生的审美意识，掌握美的规律，塑造出既有精神美又有行为美的个体。

通过思想政治教育的指导，大学生能够明确对美的感知与追求，从而提升思维判断能力。这种导向作用有助于大学生辨别是非、分辨美丑，进一步增强他们的审美判断力。因此，思想政治教育在美育中发挥着不可或缺的导向作用。

第三节　相关理论基础

一、中国传统的美育思想

（一）美育理念在中国优秀传统文化中的体现

中国的传统文化蕴涵着丰厚的美育意蕴，儒学流派，尤其是以孔子和孟子为代表的学派，强调"诗教""乐教"等理念，展现了深厚的审美意识。同样，儒学以"仁"为核心，注重个体的内在修养，体现了中国优秀传统文化对于全面培养个人素质的要求。

1.中国传统文化中"礼"与"乐"教化的思想

中国古代的"礼、乐"教育，早在西周时代便已存在。当时的人们已意识到，"礼、乐"可以陶冶情操，并首次意识到审美在人的成长过程中的重要作用。中国传统美育思想注重"礼乐教化"，强调"美"与"善"的协调。

"礼乐教化"贯穿中国古代，逐步演化为一种具有政治性的文化体系。有关"乐教"的详细记录可见于《尚书·舜典》，使"礼"和"乐"逐步成为一种社会行为，并最终形成"礼乐教化"。"六艺"是我国传统的教育内容。其中"礼"是指"修身"，它是对人进行教育、管理的一种重要手段。"乐"重在陶冶人的审美情感，也就是"修心"。

中国传统美育的根源可追溯到礼乐，其中最早的美育思想便是礼乐。中国古代的"礼乐教化"是一种独特的文化传统，对当代学子具有很大的借鉴意义。

2.儒家美育思想

儒学作为中国传统文化的核心，始终强调个体德行的重要性，尤其是以"仁"为中心的天道与天道的相通。孔子作为儒学的主要代表，非常重视通过诗文、乐文等艺术化的教育方式来培养受教育者的道德修养，从而达到德育的目的。从"兴于诗，立于礼，成于乐"这句话中，我们可以看出孔子对于人的自身修养与诗和乐之间的深入理解。他认为，诗歌不仅可以带来听觉的美感，同时也可以让人感悟向善的真理，从而提高人们的仁爱境界。另外，他还认为，音乐的优美，也可以影响人们的心灵，使人们摒弃不良习惯，形成高尚的品德；在那个时代，"礼"又被认为是君子的必修课，这足以表明中国传统文化中已有了一种多元的美育观念。孟子的美学思想与他的哲学思想有着紧密的联系。他主张以人的本性为基础，强调个人的发展，重视人的主体地位，以人性为根本。他在强调人性善良时说过："人性之善也，如水之就下也，人无有不善，水无有不下。"这表明他认为人的本性是善良的，每个人都具备良好的品性，但并非每个人天生就有完美的品德。这就要求我们必须从教育入手，不断完善自己，提高自己的素质。孟子的美育思想中，更多地体现了对个体美育的重视。他强调真正的幸福不在于追求权力和名利，而在于超越物质欲望，体现出一种超脱、纯粹的美感，超越了物质束缚。这些思想突出了人性的善良与个人修养，提出了追求超越物质的美感是真正幸福的一种表现。从这一点来看，中国传统的美育在注重道德修养和人格修养，也在注重情感修养和品格修养的同时，蕴涵了极其丰富的美育内容。孔子和孟子对人的本质的论述，始终以"仁""义""善"为切入点，是一种与"礼"并驾齐驱，以"德"为中心的"情"的教化，以"礼"为中心，以"德性"为中心。中国传统的审美观念，在审美观念上，更多地关注受教育者的行为准则，而不是关注个体的情绪活动与情绪表达。

（二）中国近代学者的美育思想

在封建时代，人们对美的认识主要集中在伦理、道德等方面，因此美的概念还没有形成，美的概念是在近代以后才逐渐形成的。

近代以降，梁启超虽然没有正式提出"美育"这个概念，但他对美育有着较强的自觉性，他是美育的先驱。他非常重视"美"在教育中的作用，并将"美"视作人类生活中不可或缺的一部分。同时，他也认为艺术对美育能产生重要的影响，他认为文学是人的一生必不可少的"艺术"。

王国维更加重视美育，将其纳入德育、智育和体育的范畴中，首次将美育作为教育的一个重要方面。他极其关注人们身心健康的促进和培养。在心理健康教育方面，他主张将美育与德育、智育以及体育有机地结合起来。在他看来，美育的最终目标在于打破社会的束缚，实现个体心灵的自由和人格的完善。

蔡元培开创了中国美育的新纪元。在1917年发表的《以美育代宗教说》一文中，他首次提出了这一理论，该理论强调了美术对于美育的重要作用，揭示了人们对世界的无知和认知偏见，旨在让人摆脱对世界的困惑与畏惧，得到心灵上的安慰。但是，伴随着人类的进步与发展，宗教逐渐被科学所取代，但情感始终存在，并未消失。而且，宗教之美并不单纯。因此，蔡元培以"美"代替"宗教"，以科学和自由的方式使人们从迷信的桎梏中解脱出来，以"美"作为人类本质，认为美是人类自身发展的必然需求和产物。

二、西方学者的美育思想

（一）西方古代美育思想

在古希腊时期，美的概念被定义为"和谐"。柏拉图强调艺术教育在培养城邦人的过程中的不可或缺性，认为美育有助于维持心灵和身体的和谐统一。他特别重视音乐教育，认为接受音乐教育的人能够辨别艺术和自然中的缺陷，吸纳美好之物，使灵魂更加善良和高尚。

通过美育，我们能够实现真与善的统一。通过艺术美的熏陶，人们能够将美融入内心深处。亚里士多德认为，"美是一种善"，因此，我们不仅要将美与善相统一，还应将美育与德育相结合。

（二）西方近代美育思想

文艺复兴前期对生命美、自然美、艺术美的重视促进了美育的发展。维多利诺强调德育、体育、智育和美育的综合发展，注重对学生进行全面教育。启蒙时代，卢梭也重视美育，他认为自然之美对于人有再造的作用，能够使人重新获得失去的本性和美好的情感。在18世纪后期，受法国大革命的影响，个体自由的观念盛行于欧洲。弗里德里希·席勒在《美育书简》中指出，通过美与艺术的结合，人类的本性能够回归到正常的状态，他主张通过美育来修复人类的裂痕。他认为在美育中强化审美意识，可以超越"人性"的分裂，通过美育培养"全人"。弗里德里希·席勒的教育思想对美育的历史发展具有重大意义。

（三）西方现代美育思想

近代西方美育理念注重以自然为本，这为美学的交叉领域如心理美学、社会美学和语言美学等提供了基础。以科技美学为主要理论基础的门罗认为，艺术和审美本质上都是一种自然现象，可以用进化的观点加以说明，正如生命从低到高，从高到低，从低到高，都是如此。

第四节　美育融入大学生思想政治教育的意义

高校思想政治教育在立德树人中扮演着重要角色，而美育则是素质教育不可或缺的组成部分。挖掘美育在高校思想政治教育中的重要作用有利于两者的有机融合。在大学教育中，"立德树人"是一项重要任务，对培养大学生的美学素养和道德品质具有重要意义。

一、有助于增强大学生思想政治教育的实效性

当代大学生思维活跃，个性鲜明，在信息化时代面临复杂多样的信息。他们的价值取向也呈现多元化的趋势。针对这一情况，思想政治教育需要更多方法和手段进行引导和教育。美育具有形象生动的特点，可以通过"以情授理"的方式引导大学生，在接受美育的过程中自觉地内化道德规范，进而塑造正确的价值观。将美育与大学生的思想政治教育相结合，能够显著提高学生的课堂参与度，使教育过程变得寓教于乐，激发学生的学习积极性。这不仅大大提升了学生的获得感，还让他们通过审美体验领悟生活的哲理，培养高尚的道德品质。因此，加强对高校学生的思想政治教育是非常必要的。

二、有助于全面提升大学生的综合素质

高校学生的思想政治工作在其成长过程中发挥着不可或缺的作用。首先，将美育融入思想政治教育中，能够满足人类对美的追求和个人成长需要。因此只有不断提高自身，才能实现真善美的自我发展目标。美育可以为大学生提供一个轻松的学习氛围，帮助他们体验不同的学习方式，同时促进德智体美劳的综合发展。

其次，将美育与思想政治教育相结合，能够提高学生的学术素养和理解能力。通过将美育的愉悦感、轻松感和真实感融入思想政治教育过程中，可

以改变以往枯燥、压抑和抽象的感受，激发学生真实的情感，使他们能够主动展开思维并积极参与学习。通过将这些知识相互融通，能够提高学生的综合素质。

最后，将美育与思想政治教育相结合，能够提高大学生的审美情操。在美的熏陶中，提高学生的审美能力和鉴赏力，在潜移默化中培养其崇高的情操和积极乐观的心态。这种结合可以为学生提供一个更全面的教育体验，帮助他们成为具有高尚情操、审美能力和积极人生态度的未来领导者。

三、有助于贯彻落实高校"立德树人"的根本任务

高校的发展与大学生的思想政治教育紧密相连。美育的感化和催化作用可以推动大学生积极参与思想政治教育，树立正确的价值观。美育在大学生品德养成中具有重要地位，因此高校思想政治教育应将美育与思想政治教育相结合，作为培养优秀品格的一种手段。这样可以实现"以美育人"的目标，并提高高校思想政治教育的实效性。

美育是一种启发性且融入式的教育形式。将美育融入高校思想政治教育可以为大学生塑造健全人格提供有利条件。此外，美育还有助于培养学生的创造力，提升他们的综合素质，从而实现"立德树人"的教育目标。

第八章　美育融入大学生思想政治教育的现状及分析

在调查高校思想政治教育中美育渗透状况时，本文采用了问卷调查的方式，并对所收集的研究成果进行了分析和总结。通过这一调查过程，可以客观地了解大学生在思想政治教育中美育的融入情况。在调查中，重点关注以下几个方面：美育在大学生思想政治教育中的实际应用情况、融入效果的评估、存在的问题及其原因等。通过深入分析调查结果，可以得出对将美育融入大学生思想政治教育的具体对策和建议。

第一节　问卷调查基本情况

在本研究中，选取山东省五所高校，以在校生为被试对象，采用随机抽样调查的方法进行了量化研究。这五所高校所代表的专业领域和教育方式各异，因此选择它们作为研究对象。

在本次研究中，共发放了500份问卷，并成功回收了476份，有效回收率为95.2%。表格8-1展示了研究对象的基本资料。

表 8-1 大学生基本情况调查

类别	变量	人数（人）	百分比（%）
性别	男	211	44.33%
	女	265	55.67%
年级	大学一年级	46	9.66%
	大学二年级	102	21.42%
	大学三年级	226	47.48%
	大学四年级	102	21.42%
专业	化工类	73	15.34%
	文史类	79	16.60%
	体育类	175	36.76%
	艺术类	63	13.24%
	医学类	86	18.07%
政治面貌	中共党员或预备党员	72	15.13%
	共青团员	368	77.31%
	群众	24	5.04%
	其他	12	2.52%

此次抽样的样本量虽然不大，但在抽样时考虑了性别、年级等因素，使其具有代表性。从某种意义上来看，此样本能够科学地反映高校德育工作中美育渗透的现状。

第二节　美育融入大学生思想政治教育取得的成效

一、认同度提升

在高校思想政治教育工作中渗透美育能有效地解决高校思想政治教育工作的单调乏味问题，增强学生的学习热情，提升学生自身的素质。

表 8-2　美育融入对大学生思想政治教育实效性分析

题目	选项	人数（人）	统计结果（%）
您如何评价美育在高校德育中的渗透效果？	关系密切	286	60.08%
	关系一般	121	25.42%
	关系不大	54	11.34%
	不知道	15	3.15%

由上表可知，学生的回答显示出"关系密切"的占比为 60.08%；25.42% 的学生认为"关系一般"；11.34% 的学生认为"关系不大"；还有 3.15% 的学生选择了"不知道"。这表明美育渗透与高校学生的思想政治教育效果存在着紧密的联系。

二、正向引导了大学生价值观

随着社会的不断发展，新的价值观念不断涌现，这些价值观念可能会对大学生产生一定的影响。因此，引导学生树立正确的价值观显得尤为重要，对于大学生自身的全面发展具有重要的意义。

表 8-3 大学生的价值观调查分析

题目	选项	人数（人）	统计结果（%）
您更认同物质条件还是精神追求？	物质条件	78	16.39%
	精神追求	299	62.82%
	一样重要	88	18.49%
	不知道	12	2.52%
您认为什么人生价值追求更有意义？	艰苦努力	417	87.60%
	愉悦舒适	87	18.28%
	物质富足	96	20.17%
	团结协作	369	77.52%
	踏实进取	357	75%

从表 8-3 中可以看出，在被问及"您更认同物质条件还是精神追求？"时，选择"精神追求"的学生占 62.82%；18.49%的学生选择了"一样重要"；有 2.52%的学生回答"不知道"。从这一点可以看出，大多数大学生认为，相较物质生活，更重要的是精神追求。根据调查显示，大多数学生追求的人生价值是"艰苦努力"，占比高达 87.60%。同时，也有一部分学生选择了"愉悦舒适"，占比为 18.28%。另外，选择"物质富足"的学生占 20.17%。在团结协作方面，有 77.52%的学生选择了这一选项。最后，选择"踏实进取"的学生占比为 75%。这些数据表明，学生们在追求人生价值方面有着多元化的选择。

三、身心双向发展

美育在大学生的身心发展中扮演着重要角色。美育以人为本，强调美育的重要性。举例来说，清华大学创作了校园戏剧《马兰花开》，以共产党员、杰出的核物理学家邓稼先为主角，体现了美育、思想政治教育和立德树人的理念。这样的创作将美育与大学生的思想政治教育有机结合，达到以美育人、以文育人、以德育人的目的。

通过引导大学生观看感人的摄影作品，让他们反思自己的行为，珍惜眼前的幸福生活，可以培养他们踏实和感恩的心态，培养优良品德。在美育中，应充分发挥学生的想象力，培养他们的创新思维。例如，兰州大学近期举办了名为"高校美育活动月"的系列活动，将优质的校园文化活动与高雅艺术进行了有机结合，为美育提供了一种极具启发性的方式。在这些活动中，学生们得以在享受高雅艺术的同时，深入了解中华文明的发展历程及其内在变化，从中汲取智慧与美的精髓，进而提升自身的美学素养，培养出强烈的人文主义精神，并锻炼了思考能力。

第三节　美育融入大学生思想政治教育存在的问题

将美育与高校学生思想政治教育相结合的工作总体上取得了较为顺利的进展。然而，随着时代的变迁和受教育对象的影响，美育在高校思想政治教育中仍然存在一些局限性。因此，有必要对高校美育与思想政治教育相结合所面临的问题进行深入分析。

一、融入的文化氛围不够浓厚

高校校园文化建设是学生成长过程中至关重要的一环，但仍有部分高校校园文化存在单一化的现象，缺乏多样性和包容性。这种单一化的校园文化可能对学生产生消极影响。因此，高校在校园文化建设中需要充分发挥学生的主观能动性，最大限度地提高学生的综合素质。只有如此，高校才能将美育与思想政治教育相结合，并发挥越来越重要的作用。

表 8-4　美育融入大学生思想政治教育的文化氛围调查分析

题目	选项	人数	统计结果（%）
您认为您所在的高校中哪些特色推动了美育文化的建设？（多选）	特色环境	419	88.03%
	特色活动	87	18.28%
	特色路标	82	17.23%
	特色标语	374	78.57%
	志愿实践	45	9.45%
您如何评价您所在院校的美育氛围？	浓厚	62	13.03%
	一般	252	52.94%
	较差	162	34.03%

（一）校园自然环境建设的美育氛围不强

根据表格 8-4 的调查结果发现，当被问及"您认为您所在的高校中哪些特色推动了美育文化的建设？（多选）"时，有 88.03%的学生选择了"特色环境"；有 18.28%学生选择了"特色活动"；有 17.23%的学生选择了"特色路标"，而有 78.57%的学生选择了"特色标语"；选择"志愿实践"的学生占 9.45%。可以得出结论，在目前的高校德育工作中，通过创造独特的校园环境和提出富有艺术感的口号，进行美育渗透。这种方式是当前高校进行德育教育的重要途径。表 8-4 显示，在提及校园美育氛围时，有 13.03%的学生认为所在院校美育氛围"浓厚"；52.94%的学生认为"一般"；34.03%的学生认为"较差"。从调查结果来看，大部分大学生觉得学校的美育气氛还有待加强。大学校园的自然环境对大学生的学习和生活产生着潜移默化的作用。良好的校园环境可以促进大学生的自我激励，培养审美情趣，缓解心理压力，并有助于情感表达。然而，目前大部分学校的自然环境建设仍然比较薄弱，没有创造出独特美感的校园环境，无法展现其独特魅力，也无法对大学生的全面素质发展起到引导作用。

表 8-5 美育融入大学生思想政治教育的实践活动调查分析

题目	选项	人数（人）	统计结果（%）
您如何评价您所在院校的美育活动开展情况？	丰富多彩	43	9.03%
	一般	301	63.24%
	单调匮乏	132	27.73%
您如何评价您所在院校对美育与思想政治融合的重视程度？	重视	36	7.56%
	不太重视	51	10.71%
	不重视	157	32.98%
	基本忽略	108	22.69%
	不清楚	124	26.05%

（二）校园人文环境的实践美较弱

如上表所示，在提及美育活动开展状况时，9.03%的同学认为所在院校开展的美育活动"丰富多彩";63.24%的同学认为"一般";27.73%的同学认为"单调匮乏"。可以看出,大部分学生都认为学校的美育活动仍有改进的空间。美学是一种实践性的教育,只有通过实践才能获得美的体验。在高校开展美育工作时,应积极开展相关活动,营造良好的美育氛围。尽管一些大学已经在大学生思想政治教育中开展了美育的实践活动,但这些实践活动往往是辅助性的,而不是统一的教育方式。在提及院校对美育与思想政治融合的重视度时,7.56%的同学选择"重视";10.71%的同学选择"不太重视";32.98%的同学选择"不重视";22.69%的同学选择"基本忽略";26.05%的同学选择"不清楚",根据所提供的信息,可以发现,大部分学生认为他们的学校在将美育融入大学生思想政治教育的实践活动方面重视不足。实际上,美育在实践活动中的融入是极少的,这就导致了这些活动显得单调乏味,缺乏乐趣和吸引力,难以引起大学生的积极参与。

二、融入的渠道较为匮乏

将美育融入大学生思想政治教育的过程能够提升课堂教学的效果,引导学生更好地进行主动学习,巩固思想政治教育的成果。尽管高校正努力将美育纳入学生的思想政治教育,但在执行过程中存在一些问题。

表 8-6 美育融入思政课的情况调查分析

题目	选项	人数(人)	统计结果(%)
您是否认同您所在院校的美育融入思政课效果?	认同	41	8.61%
	比较认同	36	7.56%
	中立	179	37.61%
	不太认同	147	30.88%
	不认同	73	15.34%

1.高校思政课的美育元素缺乏。表 8-6 显示,大多数学生认为,在思政课中缺乏有效融入美育元素。目前,我国高校的思想政治理论课存在着教学内容单一、理论性强、缺乏吸引力等问题。这导致学生无法领略到思想政治理

论课的美感，也无法体验到活跃的课堂氛围，使得课堂呈现出单调乏味的感觉。这使得学生对课堂内容失去兴趣，无法产生情感上的共鸣。长此以往，可能导致教育僵化，失去了原本的生机。

表 8-7 高校教师审美意识调查分析

题目	选项	人数（人）	统计结果（%）
您如何评价您所在院校的教师美学认知？	非常强	12	2.52%
	比较强	74	15.55%
	一般	297	62.39%
	较弱	105	22.06%
您如何评价您所在院校教师对营造课堂美育氛围的重视程度？	重视	74	15.55%
	不太重视	53	11.13%
	不重视	228	47.90%
	基本忽略	109	22.90%
	不清楚	12	2.52%

2.高校教师在美育方面缺乏自觉。他们的审美素质普遍较低，这导致他们在德育中的价值定位不明确。从表格8-7中可以看到，在被问及"您如何评价您所在院校的教师美学认知？"时，2.52%的学生认为"非常强"；有15.55%的学生认为老师的美学认知"比较强"；62.39%的受访者认为老师的美学认知"一般"。另外，22.06%的人认为老师的美学认知"较弱"。可见，大多数学生认为教师在美育方面的观念不够强。大学思政课教师的一言一行都对学习环境产生重大影响。教师应该加强自己的美育学习，提升对美的感知、欣赏和表达能力，以成为学生的良好榜样。目前，大学教师对美育的认知仅限于片面和零散的层面，缺乏系统性。这导致教师自身的审美素养不足。在学习和生活中，学生与教师的接触最多，他们将教师视为榜样，在处理问题和学习思考方面进行模仿。因此，教师对美育的深刻理解不仅关乎自身的美育，还深刻影响学生整体素质。此外，大学教师在激发学生积极性方面仍有提升空间。有些教师采用单一的教学方法，导致学生在课堂上变得被动，对所学内容了解不够深入，甚至逐渐失去了学习和思考的热情与兴趣。

在回答"您如何评价您所在院校教师对营造课堂美育氛围的重视程度?"时,15.55%的同学认为教师"重视"营造课堂美育氛围;11.13%的同学认为教师"不太重视"营造课堂美育氛围;47.90%的同学认为教师"不重视"营造课堂美育氛围;22.90%的同学认为教师"基本忽略"营造课堂美育氛围;2.52%的同学"不清楚"教师是否重视营造课堂美育氛围。可以看出,多数学生认为在课堂中缺乏创造美的氛围。高校教师仅仅从事教学活动,无法满足学生对美学学习方式的需求,导致学生的积极性难以激发,无法对所学知识进行深入加工、理解和深度记忆。

三、融入的网络资源单一

在高校学生的学习与生活中,网络扮演着举足轻重的角色。大学生通过互联网获取的信息不仅有助于他们的知识储备,还能拓宽他们的视野。然而,将美育融入大学生思想政治教育的网络空间中,仍存在一定的不足,亟待改进,并需对其使用进行规范与合理化。

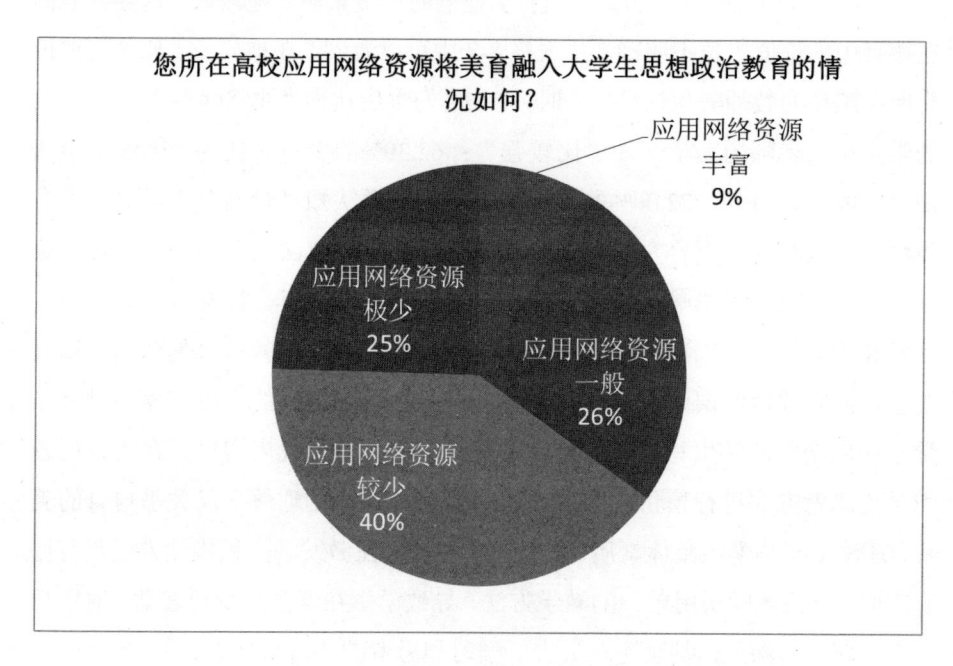

图 8-1　美育融入大学生思想政治教育的网络资源调查结果 1

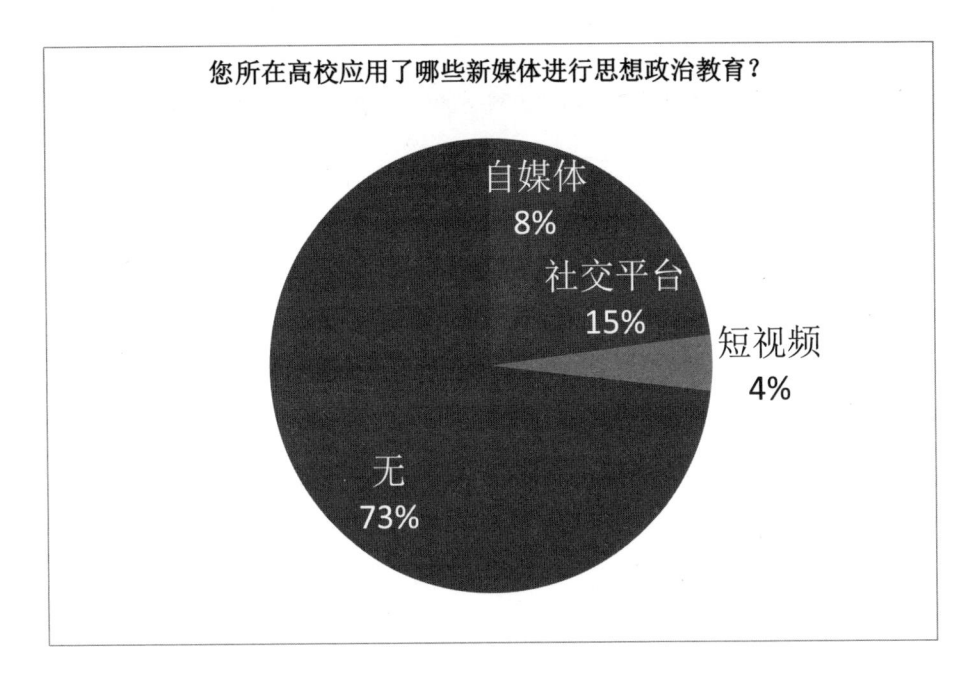

图 8-2　美育融入大学生思想政治教育的网络资源调查结果 2

（一）网络资源开发不足

从图 8-1 中可以看出，有 9%的同学认为"应用网络资源丰富"；有 26%的学生认为"应用网络资源一般"；有 40%的学生认为"应用网络资源较少"；而有 25%的学生认为"应用网络资源极少"。从调查结果来看，大部分大学生对利用网络资源进行美育的认知还不够。

如图 8-2，在被问及"您所在高校应用了哪些新媒体进行思想政治教育？"时，有 8%的学生选择了"自媒体"，15%的学生选择了"社交平台"，而有 4%的学生选择了"短视频"。有 73%的学生选择了"无"。这表明目前大部分学校尚未充分利用新媒体进行学生美育。此外，互联网上信息繁杂，因此大学生必须提高信息辨识能力。这意味着网络环境下的思想政治教育信息需更规范、内容更丰富、更具品位。

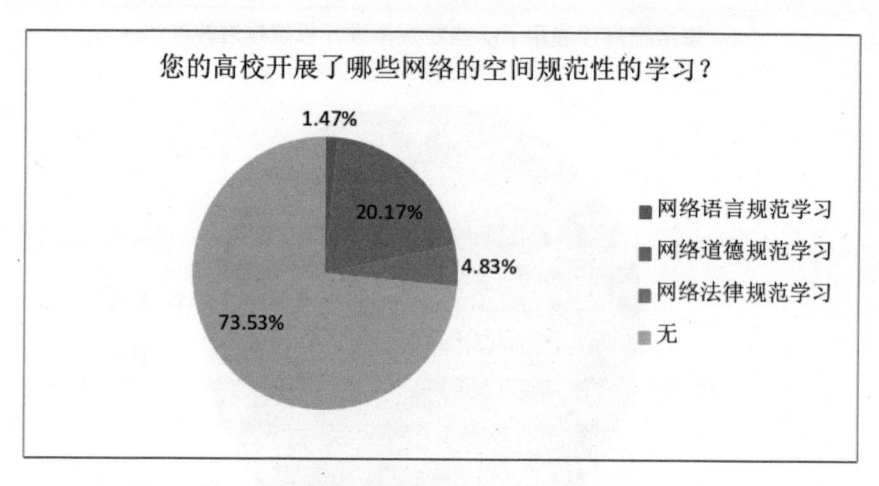

图 8-3 高校网络空间规范运用的调查结果

（二）网络空间的运用不够规范

如图 8-3 所示，选择"网络语言规范学习"的学生占 1.47%，有 20.17%的学生进行了道德教育，还有 4.83%的学生在网上学习法律法规。选择"无"的学生占 73.53%。由此可见，目前我国大部分学校对网络空间的规范运用尚未引起足够的关注和重视。网络语言规范、网络道德规范以及网络法律规范等方面的知识相对匮乏，这需要加强对大学生网络空间的规范指导。许多大学生在上网时未注意规范使用网络，容易受到不健康信息的影响，失去理智和社会公德，不守规矩，甚至行为偏激。

（三）融入的机制保障力度不强

学校的制度保障程度直接关系到学校如何推进美育与思想政治教育的融合。

您所在高校关于美育融入大学生思想政治教育成效的评估机制完善程度如何？

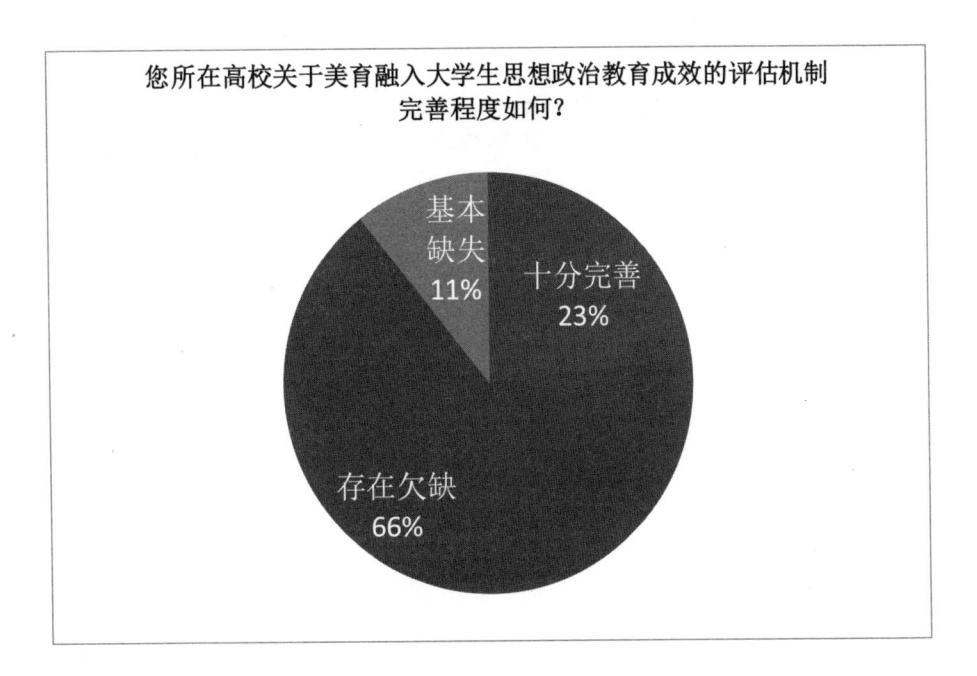

基本缺失 11%
十分完善 23%
存在欠缺 66%

图 8-4　美育融入大学生思想政治教育的评估机制调查分析 1

您所在高校对于美育融入大学生思想政治教育成效的评估机制存在哪些不足之处（多选）？

不确定 11%
覆盖不够全面 23%
学生参与度不足 36%
缺乏长效机制 30%

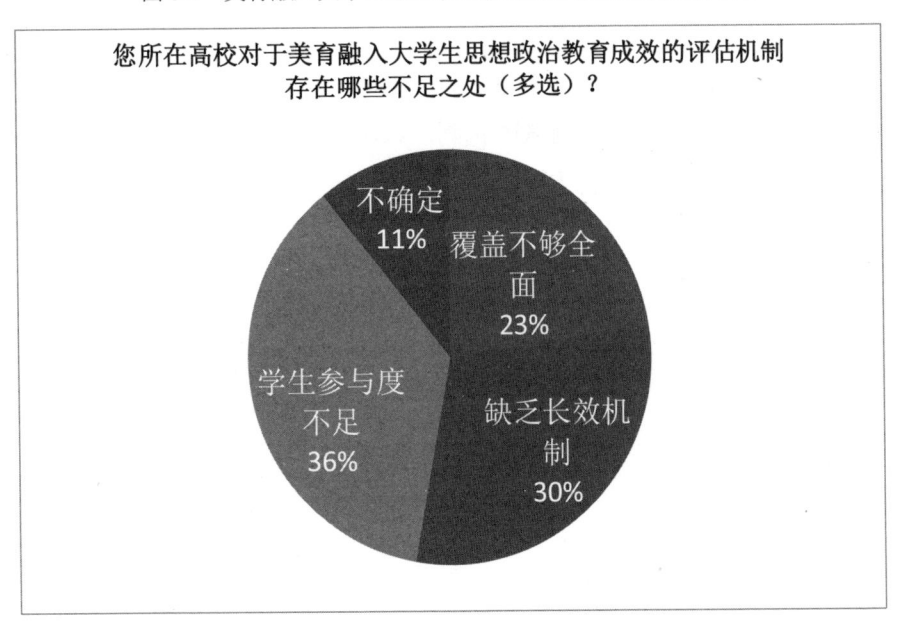

图 8-5　美育融入大学生思想政治教育的评估机制调查分析 2

1.评估监管机制不够科学系统。根据图 8-4，当被问及"您所在高校对于美育融入大学生思想政治教育成效的评估机制完善程度如何？"时，23%的同学选择"十分完善"；66%的同学选择"存在欠缺"；11%的同学选择"基本缺失"。可见，在高校中，美育与思想政治教育融合的效果评价体系尚不完善。在将美育融入大学生思想政治教育的过程中，不仅需要落实责任主体，还需要建立科学的评估监督机制，以确保融合过程的顺利进行。然而，目前我国高校的评价监督体系缺乏科学性和系统性。学生的评价标准过于单一。目前，对学生的评价主要依据学习成绩，然而，这种评价方式忽视了其他重要方面，如学生的综合素养、实践能力和审美情趣等因素。这种评价方式无法激发学生积极参与学习和活动。此外，考核和监测制度的建立也不够长远和全面。当被问及"您所在高校对于美育融入大学生思想政治教育成效的评估机制存在哪些不足之处（多选）？"时，有23%的同学表示"覆盖不够全面"；30%的同学指出"缺乏长效机制"；36%的同学认为"学生参与度不足"；11%的同学选择"不确定"。目前在高校的美育工作中，对其进行的评价存在一些问题。首先，美育工作的覆盖面不够广泛，缺乏全面性的关注。这可能导致了某些领域或学生群体中美育工作的缺乏，从而限制了其影响力和效果。其次，缺乏长效机制也是当前美育工作面临的一个挑战。为了确保美育工作的持续推进和发展，需要建立长效机制，以确保美育工作能够持续进行并产生积极的影响。因此，我们需要对当前的美育工作进行全面的评价，并采取有效的措施来解决这些问题。

您所在高校的领导对美育融入大学生思想政治教育的重视程度如何？

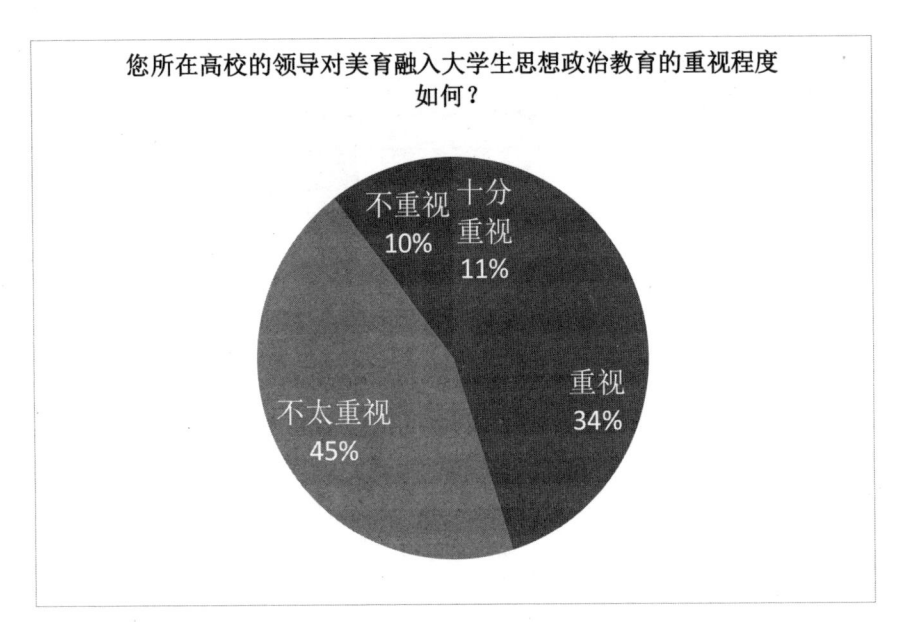

- 十分重视 11%
- 重视 34%
- 不太重视 45%
- 不重视 10%

图 8-6 美育融入大学生思想政治教育的机制保障调查分析

2.领导机制的责任力度有待提升。根据图 8-6 显示，当被问及"您所在高校的领导对美育融入大学生思想政治教育的重视程度如何？"时，11%的同学认为"十分重视"；34%的同学认为"重视"；45%的同学认为"不太重视"；10%的同学认为"不重视"。可以看出，大部分学生认为学校领导未充分认识将美育与大学生思想政治教育相结合的重要性。当前，缺乏有效的领导机制来推动美育与大学生思想政治教育的融合。没有明确的规定和责任分工，导致领导机构在统筹协调、决策等方面缺乏指导，影响了大学生思想政治教育的快速发展。因此，需要建立明确的领导机制，使领导机构充分认识到美育融入大学生思想政治教育的重要性，并积极行动，提供支持和资源，以确保融合工作顺利进行，促进大学生思想政治教育的全面发展。

四、融入的主体审美素养有待提高

高校学子的思想政治工作是至关重要的，其中美育作为对人全面发展的教育活动，在大学生的思想政治工作中扮演着重要的角色。然而，现阶段大学生对自身的审美能力培养并不重视。

您认为您个人的审美能力如何？

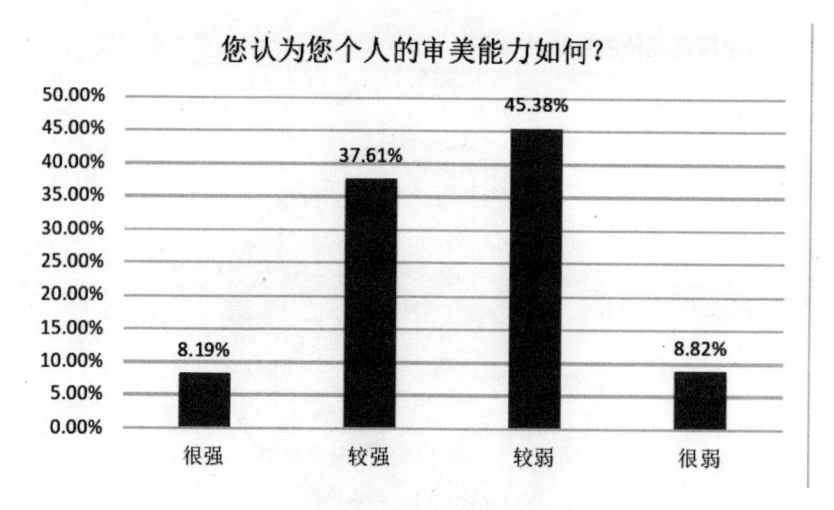

图 8-7　大学生审美能力调查结果

（一）部分大学生的审美能力较为不足

根据图 8-7 所示，有 8.19% 的同学认为"很强"；37.61% 的同学认为"较强"；45.38% 的同学认为"较弱"；而 8.82% 的同学认为"很弱"。

在当前社会，信息充斥，许多大学生感到自己的审美水平较低，有必要提升。因此，大学生需要学会辨别外部信息是否符合审美需求。尽管现代大学生的审美能力有待提高，他们往往容易受到负面因素的影响，形成攀比心态，追求虚假的"美"，而忽视知识内涵和价值。这种趋势体现在一些不良消费行为、拜金主义思想和报复心理等方面。大学生的审美辨别能力仍在发展中，因此有必要逐步提升他们的审美观，以促进身心健康的发展。

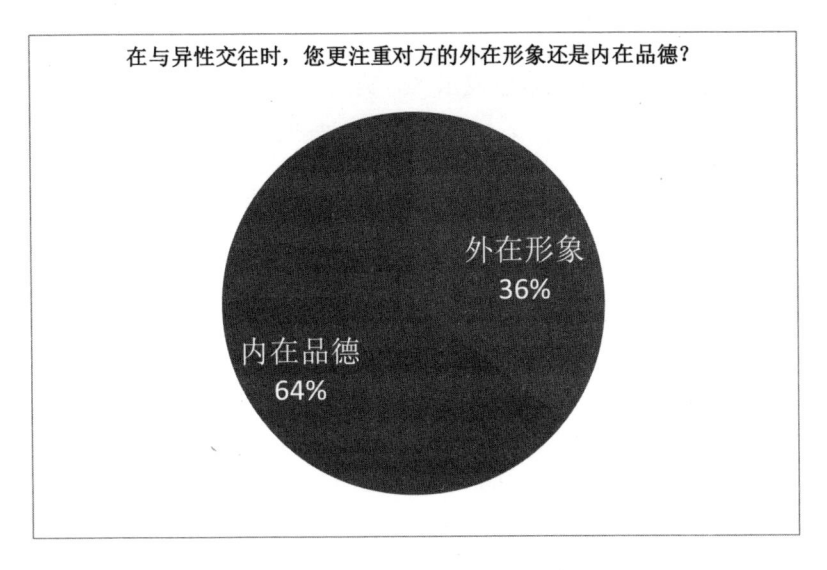

图 8-8　大学生审美能力调查分析 1

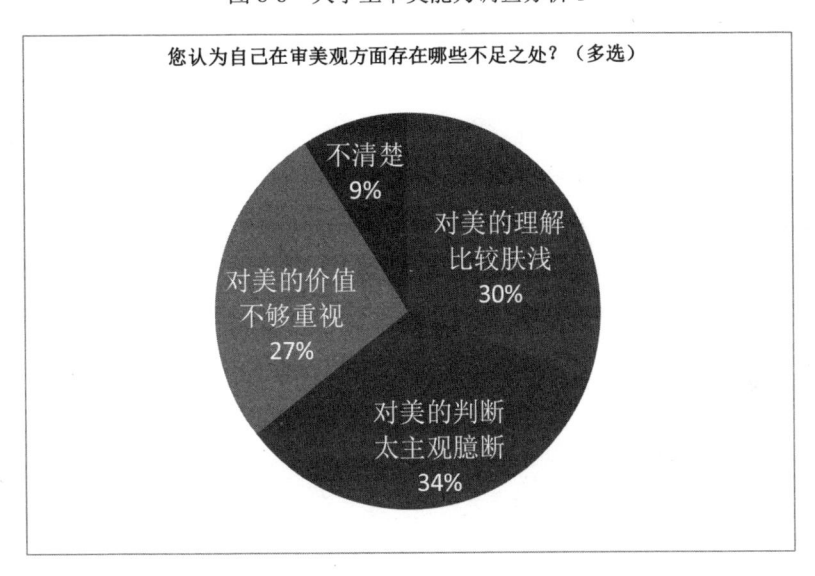

图 8-9　大学生审美能力调查分析 2

（二）大学生辨别美的能力有待提高

由图 8-8 可知，"在与异性交往时，您更注重对方的外在形象还是内在品德？"时，选择"外在形象"的同学占 36%；选择"内在品德"的同学占 64%。在东西方文化交流过程中，享乐主义、物质主义和个人主义等错误价值观对大学生审美情趣产生消极影响。生活环境对大学生审美趣味有一定影响。

　　图 8-9 显示，有 30%的学生表示"对美的理解比较肤浅"；34%的学生选择"对美的判断太主观臆断"；27%的学生认为"对美的价值不够重视"；9%的学生表示"不清楚"。可见多数学生审美浅薄，缺乏对美的深入探索和理念，易跟风且个人价值优先，难以与他人相处，逐渐丧失正确审美情趣，加大高校培养全面发展人才的难度。

第四节　美育融入大学生思想政治教育存在问题的原因分析

一、受多元化价值观影响

在当代社会的发展阶段，大学生广泛接触到的来自社会、校园以及网络等多种来源的信息，会在潜移默化中对他们产生影响。随着各种观念的传播和接触，大学生的思维方式呈现出多元化的发展趋势，这种趋势对美育与思想政治教育的结合产生了一些问题。

当代大学生对大众娱乐文化的追求是显而易见的，在这个过程中，他们受到各种各样信息的影响。这种渗透具有正反两个方面。大众娱乐文化在很大程度上影响了当代大学生的认知和价值追求，同时对他们的学习和生活产生了深远的影响，进而影响了他们的认知水平。当前，我国大众娱乐文化对社会的积极引导功能仍有待加强。大学生在享受他们喜爱的娱乐活动时，通常会将更多时间和精力投入娱乐中，而相对忽视了对自身素质的提升和修养的加强。另外，也有部分大学生过度沉迷于网络小说和网络游戏，将学习视为一种负担，未能充分认识到学习的重要性。

二、高校对"大美育"的认识不到位

在"大美育"理念的指导下，美育广泛贯穿艺术、自然和社会等各个领域，其无处不在的特性突显了其独特的重要性。因此，大学应深入理解"大美育"，有机地融合到"立德树人"的目标中，推动大学教育的不断发展。

（一）高校对美育融入大学生思想政治教育的认识不到位

当前，"应试教育"仍对高校有影响，导致高校学生从入学起便面临各种评价目标的实现，将个人能力与素质以成绩来衡量，并需达到学校规定的

合格率和就业率。尽管高校一直在不断进行改革与创新，受到人们的关注，但仍存在一些较为僵化的方式和手段，使得美育在大学生中的应用价值难以得到充分体现。此外，尽管大学在扩大办学规模的同时，也致力于科研领域、课题研究和学科建设，但对学生的全面素质发展关注相对较少。学校过于关注量化指标，忽视了对学生整体素质的培养，没有将美育融入学生的思想政治教育中作为重要内容。

（二）高校开展美育融入大学生思想政治教育的育人实践活动不够完善

教学应当基于实践，以提高学生的综合素质为目标，必须将教育与实际相结合。然而，当前以美育为核心的教学实践存在着一些问题。从学校到学院，再到班级，普遍存在着组织力量薄弱、参与动机不强等困难。因此，在高校中，要更好地融合美育和大学生的思想政治教育，在培养实践中进行，以让学生体验美育对他们"如沐春风"般的影响，从而深刻领悟人生的真谛。

三、教师对美学的认知不足

高校教师对于思想政治教育与美育的相互关系理解尚不深入，因此两者的结合效果未能达到预期水平，美育的价值也未能得到充分的体现。造成这种情况的主要原因有两方面。

（一）高校教师不重视美育与思想政治教育二者的协同发展

思想政治教育是美育的重要组成部分，审美是思想政治教育的魅力所在，也是其重要内容。然而，目前高校教师对美育和思想政治教育的关系还没有引起足够的重视。无论是在社会认知上还是在学校中，人们对美缺乏深刻的感悟，也没有系统性地认识审美，这导致了审美与思想政治教育之间的脱节，使得美育无法充分发挥作用。教师们未充分意识到将美育与思想政治教育有机融合的重要性，未能在教学中营造愉悦的环境，忽略了对大学生审美趣味的培养，难以激发他们的浓厚兴趣。因此，美育在思想政治教育中的功能难以得到有效发挥。

（二）高校教师的教学方式和教学形式缺乏美育元素

一方面，高等院校的教师采用集中的教学方法，使学生在有限的时间内获取书本中的大量信息和知识。然而，这种模式却难以实现根据学生的个性化需求进行差异化教学。教师普遍在课堂上采用"填鸭式"的教学方法，侧重于学生对知识的标准化理解和掌握。然而，这种方法缺乏与学生的心灵沟通以及情感互动。这种教学方式难以取得预期的效果，导致学生对思想政治教育的理解和应用仅停留在表面，无法深入学生的内心，因此未能产生持久深远的影响。

另一方面，由于对美育元素整合的认识不足，高校教师在教学方法上缺乏创新性，导致课堂教学常常呈现死板、重形式轻情感的状况。老师讲授的教学课件缺乏美育元素，甚至在期末考试时，学生仅知死记硬背，只关注及格。这样的教学方式未能融入美育元素，无法达到教学目的，未能有效发挥德育的作用。

四、大学生对美育的重视程度不足

美育可以帮助大学生深刻理解"美"的内涵，激发他们的思想、精神获得启发和升华。高校学生的审美意识和审美能力对于他们的发展具有至关重要的指导作用。

当前高校学生在美育中的自我意识还不够强，有待于进一步加强。

（一）大学生对于审美意识的认知仍需提升

审美意识是人类在感知、认知和创造美的过程中所形成的一种主观认知和思维观念。它代表了个体对美的理解、评价和欣赏能力，是对美的敏感性和主观评价的集合体现。人的审美意识将转化为人的自觉，并将其转化为人的内在动力，引导着人从事与美有关的一切活动，并以自身美学标准和法则为指引，对客观世界进行改造。

大学生是一群具有快速接受新事物能力和较强适应性的群体。一般情况下，大学生不注重审美意识的培养，觉得它与未来的工作、生活没有多大关系，把时间花在了别的事情上，觉得这会浪费自己的学习时间。导致大学生的思想受到了禁锢，将大部分时间投入准备各种等级资格考试和课程考试中，而忽略了自主审美意识的培养。对于审美意识的理解，往往不够深入。

（二）大学生的审美能力不足

审美能力是感知、想象、创造美的能力，是进行审美活动的必要素质。学生的审美素质取决于对美的鉴赏力和把握。大学生对"丑"与"美"、"善"与"恶"、"好"与"坏"有认知评判。由于日常接触的信息良莠不齐，拜金主义、享乐主义等不良信息会影响审美能力。为了提升审美能力，应该屏蔽低俗信息，进行独立思考、选择和解决问题，以避免冲突和错误的解决方式。美育对高校学生的整体素质有着很大的影响。

总的来说，教育者往往忽视从思想政治教育的学科角度将美育渗透到学生中。然而，将美育课程融入思想政治教育是十分必要的。然而，在当前的思想政治教育背景下，大学生的思想政治教育中缺乏美育。调查表明，48.39%的大学生迫切需要在思想政治教育中进行美育渗透，但也有50%的人认为这是"必须"的。尽管大学生有审美的需求，但在思想政治教育中，教育者的美育渗透主体性非常薄弱。在这种情况下，大学生原本应该拥有自己的主体性，促使各个院校结合自身的美学需求，提出相应的对策。但是，大学生根本没有观察到自身的审美意识，被动地接受高校在思想政治教育方面的安排，面对不满足审美需求的情况，采取消极被动的方式处理。没有静心分析自身的需求，认识不到位；没有勇气提出自己的要求，行动跟不上。此外由于上面提到的教育者方面的问题，使得大学生只能依靠自己在审美盲区中探索出路，最终导致大部分学生审美知识缺乏，审美能力不足。

第九章　美育融入大学生思想政治教育的对策

在查阅相关文献的基础上，结合高校德育工作实践，本文探讨了在高校思想政治教育工作中渗透美育的方式。加强大学生的思想政治工作势在必行，可以利用美育本身的特点，从五个方面来将美育与高校学生的思想政治教育进行融合。

第一节　增强"以美育人"的环境之美

大学校园文化是一种旨在通过环境育人的方式来培养教师和学生情感，塑造良好个性，并全面提升学生整体素质的文化。加强大学校园文化对于促进创新发展、改进思想政治教育以及推动学生全面发展都具有重要意义。将美育与高校校园文化相结合，不仅增强了校园文化的精神内涵和人文艺术氛围，也实现了以文化育人的目标，对于深入和拓展高校思想政治工作具有重要意义。在校园文化中融入美学文化，可以从学校的物质文明和精神文明两个层面入手，创造出一种能够潜移默化地感染人、以美育人的校园环境。

一、积极建设"美"的自然环境

高校要注意加强规划与建设，尤其要重视学校的整体规划与建设。要致力于校园的绿化与美化，以打造出宜人的山清水秀的景观，以培养大学生对自然、社会和他人的关爱之情。在公共场合，通过雕塑、书画等艺术创作，我们可以创造出一种高雅而健康的人文环境。

校园生活对大学生产生着深远而持久的影响，因此，建设一个优良的校园生活环境具有重要意义，它可以提高学校的吸引力和凝聚力，同时也能反映出学校的文化氛围和价值观。学校应积极组织学生参与校园建筑、道路和景点的规划、建设、命名和管理，以加强学生对学校的认同。

此外，美丽的校园环境能够给人一种审美享受，具有一种潜移默化的导向作用，使人在日常紧张的学业中获得轻松的心情。在这种情况下，人们的身心都会感到轻松许多，对学校生活也会更加自信。

在校园的建筑规划中，一方面可以引入革命先烈的雕塑，同时在教室、寝室、图书馆和食堂等地方，加上一些艺术装饰。环境的设计不仅可以起到指导作用，还能起到调节作用。此外，整洁干净、优雅怡人的校园景色不仅让学生享受美景，还能激发他们的思维。从而达到身心舒畅和灵魂升华的效果。将个性美融入校园环境中，与学校自身的文化建设相结合，营造独特的校园文化氛围，有助于提升学生的综合素质。课堂不仅是对大学生进行教育活动的主要场所，也是校园文化建设的重要组成部分。此外，宿舍是学生休息的地方，也是他们在学习生活中的温暖港湾。因此，宿舍文化的建设也是学校整体环境建设的一个重要方面。

同时，我们还应该为学生创造良好的审美环境，并在此基础上增加思想政治教育的内容，引进学校的特色活动。例如，学校组织文化艺术节、成立文学社团、设立美术兴趣小组等，有利于提升大学生的身心健康。在这个过程中，同学们能充分发挥自己的特长和创造力，探索新的自我认知，从而更好地促进大学生的全面发展。

此外，还可以在校园礼堂举办各种艺术活动，比如音乐会、欣赏优秀的艺术作品，开展艺术创作的辅助课程等，将思想政治教育的内容融入其中。在这个过程中，学生不仅能够受到美育的影响，也能够培养自身的审美情趣，同时有效地吸收思想政治教育的内容。

二、大力营造"美"的人文环境

在校园中进行"美"的实践不仅有助于培养学生的个性,并养成良好的个性品质,还能够让学校的文化对学生产生积极的影响。实现以美育人的教育目标,在高校中形成以美为基础的校园文化是培养高素质人才的根本所在。

在进行"美"的校园实践中,应将美育与思想政治教育有机地结合起来,使学生能够在较短的时间内亲身体验到实践中的美,并在实践中融入思想政治教育的理念。通过这种方式,创造出具有潜移默化教育作用的校园文化。

首先,在大学中开展精神文明建设,培养大学生的良好审美情趣至关重要。在当下,可以开展一系列校园宣传活动,比如,向先进典范学习,展示学校的杰出事迹。通过这种方式,不仅能让学生更深刻地认识正确的价值观,比如爱国主义、集体主义和奉献精神,还能使他们更深刻地认识真善美,自觉抵制虚伪和丑恶。另一方面,通过积极参与大学的精神文明建设,让学生们心甘情愿地成为学校的一员,他们在为学校做出努力的同时也能培养正确的审美观念。通过参与一些有意义的事情,为社会和学校做贡献,学生们能够更深刻地理解美学,将审美观念内化于心、外化于行,养成正确的审美观。

其次,电影展演的形式,对培养大学生的爱国主义精神具有重要意义。学校应该为学生创造良好的电影观影环境,并安排他们观看爱国主义电影。以加深他们对历史的认识,激发他们的爱国热情,并培养他们崇高的爱国情怀。另外,通过组织同学们在课余和假期观看《建党伟业》《开国大典》《沂蒙六姐妹》等电影作品,不仅可以提升同学们的文化素质,还能让他们更加热爱祖国,珍视现有的美好生活。

再次,以"寓教于乐""寓教于美"的方式,在大学中通过音乐环境进行思想政治教育,是有效结合美育与思想政治教育的途径。音乐作为一种听觉艺术,对于表达情感和陶冶情操具有重要的作用,尤其是高质量的民族音乐,在培养大学生良好的美学观念和高尚品格方面,有着重要的作用。

在高校教育中,应积极倡导大学生参与社会公益活动,培养他们健全的个性。学校可以定期组织大学生参与公益活动,鼓励学生自发地帮助困难家庭或那些因身体原因需要援助的同学。同时,在学校以外,我们也应鼓励同学们去当地的敬老院为孤寡老人提供帮助,或者到孤儿院照料孩子。通过这些实践,让学生亲身感受到"真善美"的存在。他们将了解美与丑、文明与粗俗、高尚与庸俗、诚实与虚伪等对立面,并从中形成深刻的生命体悟,推动个人人格的完善。

第二节　凸显"以美育人"的真理之美

一、挖掘"课程思政"中的美育元素

课程思政是以立德树人为根本目标的一种教育形式，在多学科教育的协同下，构建了一套与思政课相辅相成、相互促进的新型教育理念。课程思政工作的本质是多元协作，以多学科协同为手段，旨在实现协同育人的目标。在这个体系中，美育作为情感教育的重要组成部分，扮演着至关重要的角色，对个人的价值观念的形成和发展具有重要影响。

（一）加强美育课程思政元素的开发

美育课程是传达美的手段，特别是对人的精神美进行教育，其中蕴含着丰富的思政元素。对美育课程中的课程思政元素进行深入挖掘，可以帮助学生树立正确的三观，培养优秀的品格。进而实现对学生进行思想政治教育的目的。

举例来说，在音乐教学中，教师可以选择适合的音乐作品。这些音乐作品能够通过优美动听的旋律和歌词，唤起学生对祖国、对党的深厚感情，引发他们对国家、对社会的思考和认同。同时，通过欣赏这些音乐作品，学生还能够了解和领悟社会主义核心价值观的内涵，进一步强化对正面价值观的认同和践行。

因此，通过在美育课程中融入思政元素，教师可以有效地引导学生在审美体验中感受爱国情怀、崇高理想，激发他们的社会责任感和参与意识。这种有机结合能够使学生在美育学习中不仅得到审美的享受，还能够在情感、认知和价值观上得到全面的提升，进一步促进其思想政治素质的全面发展。

（二）加强美育实践活动的思政元素开发

开展主题鲜明、形式多样的美育实践，让同学们在课外感受美、体验美。

在美育的实际操作中发掘出思政元素,拓展高校美育的内容,培养大学生的审美情感,逐渐塑造他们的价值观念。

这些美育实践活动为学生提供了展示自己才华和创造力的平台,同时也促进了学生之间的交流与合作。艺术团可以通过音乐、舞蹈、戏剧等形式表达情感和思想,合唱团可以通过合唱传递团结与和谐的理念,诗社可以通过写作和朗诵表达对社会问题的思考和关注。在这些实践活动中,思想政治教育要素可以被融入,例如在演出中选择具有思想性和艺术性的作品,引导学生思考社会问题、传递正能量。

通过这样的实践活动,学生可以在创作和表演中感受到美的力量,加深对美的理解和追求。同时,通过美育的引导,他们逐渐形成积极向上的价值观念,培养出自信、合作、创新和奉献的品质。这样的实践活动不仅为学生提供了艺术成长的机会,也在潜移默化中培养了他们的思想政治素养和社会责任感。

因此,将思想政治教育要素融入美育实践活动中,既拓展了美育的内涵,又促进了学生的全面发展,为他们塑造正确的审美情感和积极向上的人生态度奠定了坚实的基础。

二、丰富"思政课程"的美育元素

在思政课程中,应充分发挥美育的特性,以更好地实现美育的目标。大学生的思想政治教育与课堂教学密不可分,过多依赖理论性的灌输,将导致整个教学过程缺乏美感。因此,我们应该充分挖掘课堂和教材中的审美要素,将其融入思政教育的课堂中,以提高教学效果,并赋予课堂教育更加丰富的功能。

高校要按照大学生的成长规律和需求,引导他们形成正确的三观,培养他们的优良素质,使他们成为合格的人才。通过融入审美要素,可以在思政课程中创造出更具吸引力和感染力的教学环境,激发学生的学习兴趣和思考能力。例如,运用故事、影像、音乐等形式,让学生在课堂中感知美的力量,引导他们从艺术的角度去思考和探讨思想政治问题。这样的教学方式能够使学生更深入地理解和体验思政课程的内涵，培养他们的审美情操和思辨能力。

因此，在思政课程中融入审美要素，不仅能提升教学效果，还能丰富学生的学习体验和感受，使他们更加积极主动地参与思政教育过程。这种综合性的美育思政教育模式有助于培养学生的综合素质和人文精神，使他们在成长过程中更好地理解和塑造自己的世界观和价值观。

首先，我们应确保思想政治教育课程中的美学内容在课堂教学中得到充分展现。思想政治教育是一项科学、逻辑和实践性的活动。在进行思想政治教育时，我们要按照客观规律进行，其中内容上的美指的是课本中的"善""真""好"等价值观，以此引导学生将国家利益和人民利益置于首位。以"美"为核心的教育，让大学生能够感受到"美"，培养他们的情感，塑造他们的人格。

其次，我们应注重"形式之美"，以确保在课堂教学中体现出美的形式。现代大学生是个性鲜明、独立自主的群体。将审美元素融入教学形式可以激发学生的学习兴趣，避免他们感到厌倦和抗拒，从而更好地接受教育。教师应该从教材中挖掘蕴含的美育因素，并对其进行提炼和升华。例如，在教学中，教师可以组织学生观赏具有时代特色和内涵的历史电影，欣赏话剧。同时，也可以采用多种形式的话剧演出，以强化价值认同。通过营造适应大学生学习方式的教育氛围，将轻松、感性的美育因素融入其中，以提高大学生的学习热情，让他们能够真切地感受到思想政治教育课程的独特魅力。

最后，要营造和谐的课堂气氛，建立平等的师生关系。其中一种方法是采用"问题为中心"的教学方法，通过直观、形象的方式激发学生的思维。老师可以提出问题，鼓励学生自行思考并回答。在教学中，教师可以通过小组讨论提高学生的独立思考能力。通过这种持续激发学生兴趣的方式，学生会对所学的课程更感兴趣，而思想政治教育也能更好地融入学生的生活和学习中。这样做不仅增强了高校思想政治工作的感染力，还能培养学生正确的价值观念，对促进高校学生的全面发展具有重要意义。

在课堂上，教师应积极倾听学生的意见和建议，尊重他们的观点，让学生感受到平等和尊重。同时，教师应提供鼓励和支持，激发学生的积极性和主动性。通过与学生建立良好的互动关系，教师能够更好地了解学生的需求和兴趣，调整教学方法和内容，以更好地满足学生的学习需求。

此外，教师还可以运用故事、案例、实践等形式，将思想政治教育融入学生熟悉的实际情境中，使其更具体、生动。通过生动有趣的教学方式，激发学生的好奇心和学习动力，使他们对思想政治教育持续感兴趣。这样，思想政治教育就能更好地引导学生，推动他们的成长与发展。

第三节　拓展"以美育人"的网络载体

在互联网高度普及的社会背景下，高校应结合自身特色和优势，加强与网络的沟通和交流，实现优势互补，推动高校的发展。利用现代化技术手段，提升工作效率，促进美育与思想政治教育的结合，以增强德育工作的有效性。

一、优化"以美育人"的网络信息

现今，网络已经成为大学生学习和生活中不可或缺的重要组成部分。近年来，随着科学技术的进步，网络办公模式备受重视。同时，网络教学也逐步融入了高校学生的学习生活，为高校的德育工作注入了新的活力。

当前，大学生正逐渐适应新的网络环境。加强对大学生的价值观和道德素养教育具有十分重要的意义。网络中充斥着各种不健康的信息，严重影响着大学生的三观。因此，在网络教学中，应有机地融合美育与信息技术，引导学生形成正确的价值观。在当代，应以中国为主体，引领社会主义核心价值。

此外，网络为我们打开了一扇新世界的大门，但如果没有适当的指导，我们可能会失去对这个世界的正确认识，甚至失去对这个世界的信心。因此，我们需要引导大学生正确认识各大网络平台上流行的观点，要避免从众心理，建立正确的美学观念。只有这样，才能使大学生在实际生活中将正确的审美观应用于实践，形成正确的审美价值观念和道德情感，才能辨别网络信息；培养适应时代发展需要的高素质人才，为社会和民族做出贡献。

二、规范"以美育人"的网络空间

互联网已深入大学生的学习和生活。在这个独立的网络空间中，学生可以自由表达观点，快速传播各类信息，建立高效、便利的虚拟世界。然而，若任其自由发展，可能会带来一系列问题。因此，必须从"美"的角度对其进行引导，正确导向其价值取向，以更好地发挥作用。

大学生正处于关键的成长时期，对他们的有效管理对其身心发展至关重要。首先，应构建以美育为核心的网络教育环境。高校应在新媒体环境下建立适应大学生美育的新媒体传播平台。例如，将校歌、校训、规章制度等与当下流行的网络创意相结合，通过网络传播平台宣传，激发大学生的兴趣和参与度。其次，大学应不断强化网络环境中美育与思想政治教育的整合意识。这有助于学生理性客观地认识所学知识。教师在利用网络进行教学时，应引导学生遵守正确的网络行为规范，促进学生自我发展。通过将美育渗透到大学生思想政治教育的网络空间中，合理引导和管理学生，提升他们的网络素养，使他们合理规范地使用网络资源，推动大学生思想政治教育的网络化。

通过这些措施，我们能够有效引导大学生在网络空间中培养正确的网络行为和素养。这需要学校、教师以及学生共同努力，共同营造一个积极、健康的网络环境，为大学生的成长和发展提供有益的支持。

第四节 提升"以美育人"的能力素养

审美主体对审美客体的鉴赏与评判是基于其自觉行动的基础上进行的。从客观角度来看，它是基于对审美客体的掌控。这说明了审美客体与审美主体之间的关系。在教育领域中，教师与学生之间存在着一种美学的联系，而教师的美学水平也会对学生的美学水平产生影响。因此，在培养美育意识方面，对教师和学生都具有重大意义。

一、加强高校教师队伍的美育素养

首先，高校教师是美育的重要实施者，其审美素养是必备的素质。高校教师的审美修养应既注重外在形象，又要注意自身修养。在美育教学中，需培养学生的审美趣味，并正确引导他们的价值观。在师生互动中，教师的美育素养应得以体现。教师与学生之间的关系不仅仅是知识传授，更是学生接受知识的过程。学生需尊重老师，而老师应积极关怀和尊重学生。在教学过程中，教师不仅要传授知识，还需建立良好的情感沟通，以更好地促进学生的身心发展。

其次，加强大学教师的美学观念，以"美"为准则与学生进行交流，潜移默化地影响着大学生的审美素质。教师在与学生交流时，应注重自己的语言表达的美感。教师要注意自身的着装美感，选择与教学相适应的服装款式，既不过于张扬又不随便。此外，教师应注重板书的美观性，板书内容必须具有审美性，使学生一目了然，吸引他们的注意力；而不应将字写得杂乱无章，让学生无法理解。

最后，对大学教师进行定期的美育培训。随着时代的发展，任何事物都在不断变化，教师们也需要不断学习和更新自己的美育理念，并将其应用于实践中，以营造良好的课堂氛围。通过定期的培训，教师可以掌握最新的美育理论，从而吸引学生的注意力，激发他们的兴趣，实现以美育人心灵、以美育人行为的目标。

二、培养大学生审美鉴赏力

审美意识是个人对被感知事物的美学观念与价值取向。大学生在审美观念的引导下逐步培养自身的审美能力。高校学生的审美素质是德育工作中的重要内容。当代大学生正处于人生观、价值观、世界观的形成过程中，其情感因素多种多样。这要求我们在高校加强培养大学生的审美兴趣，并深入探索此领域。

在教学过程中，应采用一系列有效方法来提升学生的审美意识和创新意识。例如，设立奖惩机制，组织比赛、辩论、绘画、歌舞等活动。评选时可将学术演讲竞赛等列入评选标准，给予适当激励，激发学生学习的热情。在这个过程中，大学生需要理解美的概念，树立正确的审美价值观，才能真正促进个人全面发展。思想政治教育的内容会直接影响学生内在的独特观点与经验，进而塑造积极的情感价值取向，提升审美情趣。

大学生的审美能力是在审美意识的引导下逐步形成的。在开展思想政治教育过程中，需要注意培养大学生的审美趣味。对此，要进行深入的探索，并运用适当的激励手段和正确的审美理念，指导大学生进行审美创新，以提高他们的积极性和审美鉴赏力。这将有助于形成大学生积极的情感价值观，促进他们的全面发展。

第五节 强化"以美育人"的机制保障

随着时代的进步和社会的快速发展，传统的思想政治教育组织机构模式已经不能充分实现对学生的教育。必须建立一种新的理念，将美育融入大学生的思想政治教育中，并健全学校的组织和领导体系。构建完善的组织、领导、考核、监督等制度是实现"三位一体"的有效途径。

一、建立健全完善的领导机制

高校领导机构承担着总揽全局的责任，其健全和完善直接关系到学校工作的全局统筹与决策。在高校中，美育与高校思想政治教育的结合方案和目标应受到监督。高等学校的组织机构应形成了一个明确分工、统一思想、有组织、有纪律的统一的机构。

学校应全局统筹、制订规划，并将工作任务分配到各个部门，让各部门按照分派的任务进行工作。学校的教务处、学生处等各部门应紧密合作、共同努力，建立健全的工作机制。同时，需要对每个部门的负责人进行明确的任务分工，确保每个部门都能明确其责任，并细化执行安排的工作。透过对学生进行美育，将其更好地融入学生的思想政治教育中。

二、形成科学的评估监管机制

只有建立科学的评估与监控体系，才能真正将美育融入学生的思想政治教育。评价大学美育的功能与成效，是构建科学评价与监控体系的重要一环。在当前形势下，提高教学质量需要建立完善的教学评估制度。

评价监督的程序主要包括对教学过程、教学效果、学生质量与能力、学生自我评价与他人评价、定期与日常的评价监督等方面。为了将美育融入高校，必须建立健全且综合的评价体系，并组织严谨的评价团队，对学生进行客观公正的评估和监督。

　　此外,应对大学生的审美情趣、生活追求和思想道德进行评价,以生活价值、爱国情操等为评价指标。在进行评估监督时,要充分考虑学生的时代、环境以及年龄特点,建立完善的评价和监督体系,促进他们全面素质的培养。从而将美育融入他们的思想政治教育中。

第十章　多维视角下的高校美育建设

第一节　"互联网+"时代的高校美育实践研究

在当今社会,迫切需要大量具备创新精神和多学科综合素养的人才。因此,我们必须加速推进高校德育工作,运用美育的方式充分激发青少年的创造性和想象力,使高校思想政治工作与时俱进。

一、"互联网+"时代美育实践的新背景

"互联网+"这个概念并不新鲜,最早是在 2012 年提出的,这一公式应该是所有行业产品和服务与多屏全网跨平台用户场景结合之后产生的一种化学公式"。互联网在经济、政治和文化领域的应用和影响是显而易见的。在"互联网+"的背景下,大学的美育也将迎来自己的发展。如何通过美育推动教育的变革和发展,如何通过美育推动人才培养方式的创新和完善,是每个教育工作者需要关注的重要问题。

有记者对"网络+教育"进行了一次很好的介绍,"传统的教育无非是课桌、板凳、教室、学生、教师,一个个固定且单调地存在,而当代的教育将发展为网络、移动终端,外加自由的学生与老师,一切与教和学相关的活动变得开放而不受地域约束",技术赋予了我们前所未有的强大力量,这些力量源自网络。相应地,这些力量也为美育"互联网+"的发展提供了全新的平台。随着互联网的迅猛发展,人们对美育的兴趣日益增强,学生们也越来越欢迎这种教育形式。它与现实生活联系更加紧密,使得教育不再仅仅是应付

考试或实现其他特定目标的消极行为。

大学生肩负着学习知识和文化、适应社会发展的双重任务，因此，社会化实践不仅是我们美育的出发点，也是我们的归宿。进入新世纪，人类的审美意识不断提升。这种提升源自互联网，我们每时每刻都与审美联系，渴望更多更丰富的美好，追求更广阔的前景，拓展视野；让我们的梦想之路更为辽阔。然而，我们也不能忽视网络带来的消极影响，新潮流的"审美观"导致人们的价值观念出现严重偏差，出现信仰和人生观的问题。这些现象的出现促使我们对美学教育展开新一轮的探讨。在"互联网+"时代，美育具有独特的发展背景，具体表现在以下三方面。

首先，"互联网+"技术的应用为美育提供了一个多样化的资源池。互联网作为一张将万物连接起来的网络，像"共享"一样将整个世界连成一片。互联网的普及需要一些简单的技术工具，通过这些工具我们可以实现智慧的联想，获取无限的知识。而"互联网+"进一步加强了这种功能，将各种资源整合到网络上，实现了科研突破的平面化、三度空间和语义的结合。在宏观层面上，通过资源共享打破了传统学习时间和空间的限制；在微观层面上，通过知识库的构建使得学习更具针对性和组织性，提高了学习效率；在"互联网+"背景下，通过点击一个问题可以激发学生对整体知识的兴趣，实现全面学习与归纳的"点、线、面"。

美育以图片、声音、影视等具有空间感的体验式教学为基础，而互联网在这一时刻的作用显现无疑。互联网提供着无限容量的资源库，使得高校能够快速与美术馆、音乐厅甚至剧院、博物馆等融合，增进人类社会与自然之间的联系。互联网丰富了资源，提升了学生的兴趣，使教学过程更具生动性和人性化。这是美育最具力量的教育和社会功能，能够净化灵魂，引发情感上的共鸣。

其次，"互联网+"时代对美育的展示具有重要意义。美育需要通过感性的媒介触及大学生的内心。这种触动不仅是单向的认知，更是教育者和被教育者之间互动的交流。唯有深度交流，才能产生潜移默化的效果。在"互联网+"时代，有许多熟悉且受欢迎的平台，每个人都可以自由讨论、自由交流。通过这种方式，人们能够在情感上产生共鸣。美育文化已经进入更直接的发展阶段，社交软件以简洁的语言传达最直接、最本质的意义，海量的照片和短片插图使整个文化传播充满生机。"微"的概念已经渗透到人们的生活中，通过智能手机等不同工具，大学生开始被这些平台所吸引，他们的认知模式也在逐步变化。在传统教育中，内向的学生更倾向于在这些平台上进行沟通。这给广大教育工作者带来了惊喜，引发了他们的思考，并在此基础上进一步完善了以人为本的美育模式。

"互联网+"的到来为高校美育创造了一个多维、开放、符合现代大学生个性特点的、具有较高自由度的美学研究空间。随着因特网的迅速发展，网络形态也在不断演化。从简单的对话中，就能实现一对一、一对多的效果。此外，通信也可以同时进行，一个人可以加入多个小组，进行公共组聊和私密交流。正如"六度分隔理论"所述，每个人都能通过六级"熟人链"和其他人建立联系。沟通世界的进步不仅在于通信技术的发展，更在于网络的进步。美育也应该在这样的研究空间中展开。

"育人"指的是教育主体与被教育主体之间的互动关系，在各种网络环境下都应得到足够的重视与支持。这不仅是一种自由交流的方式，也是一种"锁定目标，一击制胜"的方法。网络的出现打破了传统的师生关系，使得师生之间的互动更加容易和融洽。多维的探究空间使得美育的作用得以最大化发挥，在"互联网+"的背景下，美育必然会取得丰硕的成果。

二、"互联网+"时代大学生审美观念的转变

在"互联网+"时代，高校美育工作正如火如荼地展开，大学生的审美观念也随之发生了改变。正确认识学生审美观念的转变，将对高校美育工作产生积极的影响。

首先，高校学生对审美有了更加个性化的追求。因为他们处在一个特定的年龄段，又有着丰厚的学识，所以他们都希望在大学这个学术自由和自由发展的空间里，充分展示自己的个性和人格。另外，由于互联网的蓬勃发展，使得他们能够在网络上自由选择各种不同的美学客体。同时，互联网上丰富的信息资源也促进了青少年审美意识的发展。互联网上自由的言论环境让大

学生展示出自己独特的个性，使他们能够与时代同步前进。这些变化都反映在他们的审美观上，即个性化的审美追求。

通过大量的实证性调查，研究者发现，对于大学生来说，"美"不再是传统定义中的"美"，而更多的是一种自由，一种具有个人风格的自由人格。在这个信息爆炸的当代，大学生群体追求时尚，注重参与感。他们固守内心的美，这种美学方法很难形成统一的准则，导致许多美育工作者感到困惑。他们越是努力与传统的美学理念保持一致，反而越容易适得其反。实际上，在实践中，我们可以很容易地看到，个人自由和由此延伸出的审美观对于挖掘大学生的创造力和培养他们的开拓精神起到了非常重要的作用。因此，需要改变自己的思维方式，以宽容为主导，以限制为辅助，来进行美育的改革。

其次，部分大学生的审美价值取向呈现出明显的功利性倾向。当前社会处于快速发展的阶段，年轻的大学生代表了这种蓬勃向上的活力，但同时也伴随着一种急切的情绪。这种急切导致他们过分关注结果，忽视了过程本身所带来的愉悦。这一现象对即时消费和即时享乐观念产生了影响。此外，在互联网媒介的影响下，存在大量的娱乐资讯。这种情况下，可能导致享乐主义和游戏人生思维模式的出现，进一步加强功利化的思想。这些都是个性化发展所带来的一些负面功利效应。这些功利化因素会直接影响审美价值导向，从而在选择审美对象时出现对应的偏移。

读图时代、标题时代的到来，凸显了快节奏的生活方式，但人们往往忽略了在这个过程中的不适感。如果没有外部因素的干扰，他们很难察觉到自己的不适，甚至可能因此感到自豪。他们不再关注美学作品所蕴含的价值和意义，而是沉迷于外部感官的多样性，对实用性和功利性的追求掩盖了作品真正的人文和历史价值。

再次，高校学生在审美地位上的差异。大学生作为受教育对象，往往处于一种被动状态，这可能导致其个性的丧失甚至出现一种消极的心态；在某种程度上，这对学校的美育产生了一定的影响。然而，网络时代的到来让我们看到了教育改革的曙光。互联网为高校学生提供了创造、处理与传播审美内容的平台。这种地位转变的趋势为他们带来了一种从未有过的新奇与优越感，因此越来越多的大学生投身于这种变化中，并活跃于社交软件平台。他们使用短视频平台共享照片、视频和声音,在这个交互的、开放的网络空间里,任何事情都有可能发生。

这导致了大学生审美身份的转变,由最初的被动接受者发展为主动接受和主动创造者,从而形成了一种自我认同。在具体的教学活动中,学生的积极参与是取得较好学习效果的重要方法之一。

最后,大学生的审美趣味呈现出明显的差异化。传统的传播媒体,如报纸、电视和广播等在新媒体时代仍然坚持"三审三校"的工作流程,以确保信息的真实性和准确性。然而,在网络上,信息的"把关"并非完美无缺。在这个科技发达的时代,信息更新之快令人瞠目结舌,这也是网络上出现各种信息的原因之一。加之网友素质因人而异,导致一些低俗、丑陋的现象在网络上迅速传播。当然,这只是可能的发展方向之一。如何正确引导,成为重中之重。正确的价值体系如同一剂温热的药剂,能够给我们的心灵带来震撼。

三、"互联网+教学"——美育的新实践

借助互联网的科技力量、宣传力量和感染力,我们能够在不同层面上突破美育的发展瓶颈,克服美育的发展困难,实现新的发展。

(一)"互联网+教学主体"的实践

然而,无论美育经历怎样的变革,其教学对象始终是一个永恒的命题。"互联网+"背景下的高校教师队伍建设,应从教师队伍的建设和发展两个方面入手。美育需立足于自我,注重内在美。这种"内在美"主要呈现为"心灵之美"。"互联网+"时代的来临要求广大教师真正实现思想的解放,紧跟时代发展,把握时代脉搏;能够分辨真假、善恶、美丑,引导学生鉴赏美,领会美的文化内涵。更为重要的是,教师这个特殊的职业需要一种"上岗证"。老师承担着新世纪国家最重要的责任,他们是医者,学生是受诊的患者。教师作为"医生",其内心美对学生产生着极其深远的影响。这需要教师不断完善自身的知识体系,丰富自己的文化生活。他们有责任完全净化自己的灵

魂，成为当代的引路人。教师的一言一行都能反映出其文明素养，因此，还应从外部着手，关注外部美和内部美的结合。无论身处何地，教师都要牢记自己的任务和职业道德。在这个竞争与合作共存的当代，作为教师，必须依靠团队，实现双赢，才能提高自身和教育水平。运用当代的互联网技术，美育教师可以实现"集体备课"和信息共享，通过建立群组，共同探讨授课方式。同时，通过微信文件互传等方式，实现备课材料的相互传递，通过网络搜索寻找更高品质的教学材料。

其次，就学生而言，相较于老师，他们更善于运用现代科技，这使得他们能更好地适应网络生活，为实施美育创造了有利的条件。大学生在网络上可以充分利用大量的信息资源，拓宽自己获取美育资料的渠道，并建立群组进行交流。

在实践中，有时就自由度而言，虚拟空间的沟通要比真实空间中的沟通更为便利。有一句谚语说："近朱者赤，近墨者黑。"同样，志同道合的同伴间的交流往往能拉近彼此的距离，并取得更好的成效。但是，受过教育的学生还很年轻，很难对美丑做出正确的判断。这就需要教师的指导，精心设计教学内容。

（二）"互联网+教学内容"的实践

一堂成功的课程不仅因为学生在课堂上的主动参与，也因为教师对教学内容的精心设计。在"互联网+"时代的背景下，网络环境中的教学内容呈现出前所未有的丰富多彩，而美育的发展则离不开网络资源的蓬勃发展。在进行美育的过程中，应注意到两个方面的问题。

首先，在课程设置方面，传统的美育课程中，美育的课程设置相对简单，只有简单地讲授，学生在课堂上参与度较低。当代的美育课程应充分运用互联网技术，以多种方式向学生展示。例如，对于中国古诗的欣赏，可以通过文本方式展示；书法具有多种风格，如《勤礼碑》体现庄严肃穆感；草书则体现飘逸洒脱的感觉，如怀素的《自叙帖》；行书则展现自由、轻灵飘逸的感觉，这些文字在网络上一秒钟就能转化为可显示的字库。除了文字，还可以配上图片、朗诵，或者使用技术手段制作小动画，更生动地表现中国古典诗歌的美丽，增强感染力。

其次，在知识层面上，美育追求发现美、表现美、升华美。因此，在美育课程中，为达到美的目的，需要在课程内容上下功夫。举例来说，利用传统文化的经典名著进行美学教学时，可以只讲解其创作背景、现实意义等方面，还可以通过各种方式，借助现代的舞台效果进行表演。这种感觉，只有亲自去体会，才能领悟到。央视的《经典咏流传》节目就是一个很好的例子，它用现代的声音和曲调来演绎经典，让人热血沸腾，情感澎湃。当人们高唱"少年强则国家强"时，激发了爱国之情。"黄河之水天上来"，让人为李白的豪迈和壮阔所感动。在这个网络世界里，"胸怀越大，舞台越广"。这是一种全新的美育实践方式，我们应该用更多、更好的教育内容来填补传统美育的空白。

（三）"互联网+教学方式"的实践

近年来，随着网络技术的迅速发展，教学方法的改革已成为大学教育改革的重点。在"互联网+"时代，教师和学生之间的关系发生了巨大的变化，正逐渐从过去的"单向教育"到现在的"互动教育"。

第一，通过互联网构建"微课""慕课"和"翻转课堂"等在线开放学习平台。通过网络公开课等方式，学生可以有更多的选择和兴趣，改变以往对美育课堂讲授形式的厌倦感。

第二，建立一个专门用于学校美育的网上平台，等这个平台成熟后，可以在全国范围内共享更多优质的美育资源。通过手机软件，让学生们在特定的时间共同欣赏。一些受欢迎的移动教学助手应用程序可以在互联网上建立一个课堂，学生可以下载应用程序并加入在线课堂。在这个平台上，老师可以方便地管理班级，随时与学生进行沟通并共享信息。这样，老师们可以节省管理学生的时间，并提供更多优秀的课程资源，鼓励学生自主、主动地学习，并进行调查，追踪学习进展和水平，使传统的课堂充满乐趣。

第三，要充分发挥高校学生主观能动性。通过网络平台等，对他们所欣赏的事物给予正面评价，以引导他们对美的爱好，并与他们分享周围的美丽事物。通过现实生活和学习，培养每个大学生对美的认识。

总之，要将"互联网+教学方式"的实践落实下去，发挥出更大的作用，是每个美育工作者的初衷。通过互联网技术的应用，实现教师和学生的互动，创造更丰富的教学内容，激发学生的学习兴趣和自主性，以促进美育的进一步发展。

美好的生活就是对美的向往，也是对美的最好诠释。在互联网迅速发展的当代，人们通过网络分享各种信息和经验，并进行各种交往和交流。大学生的美育实践应该抓住这个机遇，探索一条新的道路，培养当代的跨界融合型人才，为社会未来的发展积累力量。

第二节 智媒时代高校美育活动的传播策略

科技的发展为社会的各个行业带来了新的发展机遇。元宇宙、大数据、人工智能等技术不仅提高了信息传播的效率，同时也在技术层面呈现出一种审美倾向，这使得原本纯粹的人类活动在与技术的结合之后呈现出了数字化的特点。

美育是一种教育形式，旨在培养人们对美的认知、热爱和创造能力。学校美育是一项重要的工作，旨在提升学生的审美素养和人文素质。

在新的传播环境下，高校美育的理念与实践需要融合新的传播环境，构建媒体社会学意义上的审美符号交流场，拓宽以情绪为载体的说服途径。只有如此，才能在日新月异的社会背景下，找到符合未来社会发展潮流的教育传播策略。

一、智能媒介时代高校美育工作面临的挑战

智能媒介的发展不仅带来了便利和快速，还可能产生一些不利的社会效应。从传媒社会学的角度来看，当前的美育工作面临着多种挑战。

（一）虚拟社区"作茧效应"对普适教育的阻碍

随着信息技术的发展，计算机、手机等移动终端的普及以及各种应用程序的爆发，人们的居住空间和社会活动逐渐转向网络社群，网络社交已经成为人们生活中最重要的认知模式。特别是在以兴趣为基础的小团体中，"信息茧房"现象十分普遍。身处于"信息茧房"中的个体会对那些与自身兴趣不符或缺乏吸引力的信息产生抵触情绪。此外，科技的发展进一步放大了"茧化"效应。基于云技术和虚拟现实的各种虚拟社群因数字化生活的便利性而得到了极大的扩展，"体验"和"沉浸"等愉悦享受使部分人沉迷于虚拟中，从而影响了现实世界中的交流和社交。目前，教育活动仍以讲授和实地研究

等传统方式为主，尽管美育强调艺术欣赏和实践美感，相对于传统教育手段更加丰富，但在兴趣培养、刺激过程和低级生理快感等方面，难以与虚拟社区活动相比。从传播学的角度来看，"茧化效应"使得部分受众在教育活动中的作用越来越小，他们传递的信息很难得到媒体的满意，这削弱了美育教学手段的多样性和乐趣性。

（二）艺术教化的沉浸式转向

美育的核心在于通过艺术的感性情感来激发观众对美的追求，并实践爱和真的理念。自工业社会以来，美育从景观的创造开始，而艺术作品的美通过观众的感官认知转化为信息形象，并引发符号交流，实现教育的编码传递和理解的反馈。在当今的消费时代，身临其境的景观符号正被沉浸式的体验所取代。文艺创作方式，例如触觉接口、电子传感系统、云技术等，作为文化产业的代表，正在逐渐形成一种潮流。人工智能、全息投影等智能科技拓展了传统媒体，构建了以人机互动为主导的新型智能化文学系统，其主要功能属性在于互动仿生与情境仿真，但对于高雅、疏离、严肃的审美方式仍有一定保留。然而，传统的文艺形态在其教化作用方面无法与文化人的文艺相抗衡。以媒介为主导的图像传播视角下，新媒介产品在技术层面上与人脑的生理响应存在一定联系。从精神层面看，新媒介产品的创作是为了满足人们的心理需求，其切入点是感觉体验，通过电脑程序产生影像和音效的变化。因此，知性的文学是一种可塑的、分层的，以及趋向消极的愉悦体验。

（三）AI 信源的机器生成与诉诸感性的变迁

在过去的教育实践中，学校是信息源，通过权威信息的生成和传播，形成了封闭式的沟通。在不同层次上，学校和教师作为信息的提供者和传递者，掌握着更广泛的信息传播和媒介监督的过程。然而，如果学生在学习过程中无法获得令人满意的经验，或者教师的建议不起作用，会影响学生的学习效果。学校和教师们会迅速调整他们的交流策略或内容来适应这种情况。但是，随着信息技术的发展，人们对知识的需求也在不断增长。与此同时，机器根据用户的偏好将信息均匀地推送出去。类似的技术很快就会给孩子们带来乐趣，取代了老师们为孩子们准备的传统教材。感性艺术的特性或许是"影像时代"美育所独有的特质，但在数字化环境下，"感官感知"是一种"刺激—响应"的机制，本质上是观众的"反馈"，也可以被视为"教育美学"的目标选择。在由人工指导的迅速发展与以人工智能为导向的迅速发展之间，前者具有更大的优势。

（四）职业的去身份化与终身学习

过去的教育观念认为，教育是一个人从成长到真正踏入社会的特殊历练，而集中式学习和班级授课被认为是一种有效的方式。以互联网技术为基础的新型在线学习模式使得教师在教学过程中所承担的教学活动的角色发生了改变。教师和学生的教学行为构成了一种基于各种语言和行为的活动预演，"教学实践"由一系列行为组成，每一次"教学实践"都是社交互动的一次执行，因此，在教育行动网络中，教师是一个主要的行动员，其作用是将自己的主动性传递给学生。随着人工智能技术的发展，传统的教育与教学模式面临巨大的挑战，非学校教育形式占据主导地位。基于教室讲课和标准化教科书的现代学校教学体制已被虚拟互动课堂等所取代，教学形式也从实体变为了"行动者—网络"的结构。

二、智媒时代高校美育活动的传播策略

在传媒和社会形态的变革下，实施正确的传播策略是美育实践的关键因素，同时也是与时代同步的教育范式的必然要求。

（一）以教育戏剧改善美育授课体验

教育戏剧是一种通过艺术表演来教授知识的教学手段。它是教师在教育课堂中灵活运用的戏剧学习和教学方式，不受形式、时间、空间和人数的限制。教育戏剧通过角色扮演和互动的方式，使学生能够身临其境地体验知觉经验，这反映了艺术审美趋势和交流的疏离。在教学过程中，教师所创造的叙事张力和全身心投入的氛围，目前还无法通过虚拟技术实现。真实的人与

人之间的交流接触和精神呼唤是数字模拟技术发展的方向。尽管一些学者认为随着科技的进步，教育戏剧的优势可能会逐渐减弱，但话剧作为一种艺术仪式，其净化人心、引导观众兴趣取向的作用将永远保持不变。特别是教育戏剧应该是一种传达爱和真实的美育戏剧，它通过场景再现的能力体现了物质与物质之间的组合，这是自然媒介的特性所赋予的。

（二）建构高校人文关怀的媒介环境

教学内容的界定决定了教育的活动范围，原始的社会氛围和媒体引导对受教育对象的人文熏陶起到了重要作用，这确保了教育网络的正常运转。从传媒社会学的角度来看，"环境即媒介"。媒介环境与社会环境的人文同构，对于教育信息内容中的审美行为有着重要影响。审美期待与审美惊奇是创作内容的基础和核心竞争力。通过对时间和空间的人文构建是满足观众心理期待的有效途径。通过媒体构建的美学符号传递一种特殊的艺术表达方式，恰恰是建立起被异化的主体心理生态的桥梁。因此，大学作为一种媒体环境需要展示自身的文化魅力和责任感，以满足媒体智能演化的观众渴望，并保持在科技演进中逐渐减弱的人文关怀。这对我国高等教育的长期发展具有重要意义。在文化产业中，技术主义和人本主义应相辅相成，而不仅仅是相互对立，共同发展和进步。高校教育应该创造一种让教师和学生都能感受到人文关怀的本质。

第三节 "文化自信"视野下当代高校美育的建构与反思

一、"美育"之文化价值与"文化自信"意识

美育,也被称为"美感教育",在《辞海》中被定义为:"通过艺术等审美方式来达到提高和教育人的目的,特别是提高对美的欣赏力与创造力。"在我国,美育的理论与实践具有悠久的历史。而近代美育价值观的形成,则可以追溯到晚清洋务运动以后,尤其是20世纪初。随着西方文化的不断发展,一种新的美学价值观逐渐形成。在中西文化的碰撞与融合的关键时刻,一群教育改革的先行者,如梁启超、王国维、蔡元培等,他们将目光投注于国际舞台,探索了康德、弗里德里希·席勒等哲学家的审美观念,以期使西方的美育理念与中国传统文化相融合。

对美育文化价值的认识,关系到其在高校教育中的定位,以及对大学生综合素质和审美能力提升的价值。它与文化之间的关系是十分密切的。如何在美育中培养大学生的文化自信心和文化意识?这些问题并非凭空提出,而是当前我国大学美育亟需解决的问题。

在改革开放初期,一些学者针对人民的文化需求,将美育放置于文化教育的基础上,认为:"良好的美育是一种高尚的文化教育,它通过美感的感染力,丰富人民的精神生活,提高人民的文化水平,提高人民对美与丑的识别能力,培养人民对音乐和美术的欣赏力和理解力。"

从实质上来说,美育是一种教育形式,它以培养受教育者的审美能力为起点,将对审美对象的特殊感受作为教育的出发点。然而,美育并不局限于此,它以审美为基础,超越了审美本身,以感性为基础,以理性为中心,通过深入理解审美对象所蕴含的文化、历史和社会意义,实现了由量变到质变的提升。因此,每个"审美主体"的心灵中都有一个独特的"哈姆雷特",即每个人都有自己独特的审美体验。

中国美育若要迈向科学发展之路,必须清晰地认知自身的文化体系和定

位。形成文化共识是有效推进美育的途径。构建这种途径的根本和首要条件在于树立文化自信的意识。

文化自信指基于独立意识、独立思考和理解，在本民族的文化传统中全面认同和确认自身文化价值。它超越了简单的文化享受，深刻认知并肯定了自身文化价值。文化自信能使我们重新回归公平客观的价值判断标准，摆脱对其他文化的盲从。它也能引导我们走出某一文化审美范式，重新审视自身的文化价值和地位。文化自信不仅能带来感性和精神上的愉悦与满足，同时能够引发思维方式和价值观的变革和突破。

在全球化与德育危机日益深化的背景下，文化自信的战略目标为我国高校的美育提供了指导。对于当代大学生如何树立正确的文化价值观念，文化自信具有重要的现实价值和意义。它对于重新认识和扎根于自己民族文化的积极价值导向具有重要意义。

二、当代高校美育之多维建构与文化反思

在界定高校美育内涵的基础上，将"文化自信"概念引入高校美育课堂，有助于更好地认知和把握高校美育的实际情况，也能够理解目前我国高校美育存在的主要问题，从而实现对当代高校美育的重构。我们应该基于中国传统文化的核心，以时空和国家两个维度构建自身的高校美育。在这个基础上，以"民族""传统""时代"为切入点，从时空层面探索实际可行的途径，深刻反思当前中国大学美育所面临的诸多问题。

（一）高校美育与中华传统文脉相结合

重建具有中国传统文化特色的高校美育系统是中国高校美育发展的重要途径。然而，我们不应将自己孤立于"真空"，而是应将中国文化置于更原始的语境中，以客观、公正的态度审视它，并从起点的角度考量问题。我们需要深入领会中国传统文化的精华，领略其深厚的人文内涵和文化内涵，全面把握其结构和审美特征。对于大学而言，在公共美育中融入传统文化之美，使之从感性向智性转化，进而提高学生的美学素养和人文素养。

（二）高校美育与多样性的民族文化相结合

在中国，不同民族在美术形式、题材和风格等方面具有独特之处，这些差异反映了各个民族的生活条件、价值观念以及审美标准和理念。这也是多民族国家形成丰富多彩民族传统的原因。几千年来，中国各民族之间的交流、碰撞和融合，促成了灿烂多姿的民族文化，塑造了不同地域、不同民族的艺术特色。例如，中国民间歌曲由于各个民族的语言音调、生活习惯和人文环境的不同，使得这些民族歌曲具有自己的地方特色，如蒙古族的"长调"、苗族的"飞歌"、彝族的"海菜腔"，这些歌曲在音腔上都有自己独特的特点。

面对如此丰富的美育材料与资源，高校美育应该拓展美育的内涵。我们需要审视并厘清自己民族文化产生与发展的基本规律与特点，不能简单地以流行范围的大小、受众的广度、影响力的大小来评判任何一门艺术，而是要回归到自己的文化框架中，对自己的文化进行适当的解释，建立一种多元文化的审美观。

对大学生而言，多民族文化的融合有助于提升其对文化美感的鉴赏能力。高校美育课程应着重于"挖掘和应用中国音乐、雕塑、建筑、绘画、诗词、戏剧等传统文化形式；通过书法等传统艺术形式，让学生感受中华民族的美，培养对祖国文化的热爱。"

（三）高校美育与时代文化潮流相契合

首先，随着时代的变化，人们的生活方式、情感追求、价值取向等都会发生变化，审美理念与标准也会随之变化，因为不同的历史时期都会产生相应的变化，从而影响社会的美育理念。教育标准化实现了由"任务"向"目的"方向的再建构，并积累了一定的经验。美育的发展趋势也是一个"从有到无——美育地位的削弱；拨乱反正——美育地位的回归；重要决策——美育地位的确立；规范发展——美育地位的巩固"的过程，经历了一个曲折的发展过程，在观念、方法和体系上逐渐走向成熟。

其次，美育的发展轨迹与历史上的文化变迁大致相同。就中国艺术发展而言,在隋唐以前,特别是在中唐以前,中国美术以雄伟壮阔、绚丽多彩而闻名于世。无论是敦煌莫高窟中金光万道、栩栩如生的千佛图,还是吸收了来自多个少数民族的乐曲、舞蹈的宫中燕乐《十部伎》,都反映了古人注重艺术体量的文化传统和思维方式。这个时代的美育观念也更注重审美手段的"德行"的外化作用。两宋以后,中国文化发生了翻天覆地的变化,在道教、禅宗的影响下,艺术的发展越来越注重人的内心,即所谓的"宋元境界"。美育逐渐回归对内心世界的深刻认识和探索。

再次,我们在时代潮流中取经,并非追求新的文化,而是将其作为经典美学教育的素材。终极目标是塑造一个具有时代性的"美育"品牌。要达到这个目的,可以用"取其精华,去其糟粕"总结,即扬长避短;对文化对象的美学价值进行检视和甄别,挖掘真正的优秀传统文化。

要推动高校美育的发展,必须以开放的胸怀和包容的态度去尊重、接受和理解各种不同的文化,包括其中的流行文化。在多元的大众文化中,需要持续筛选和挑选其中的精华,以防止美育走向世俗化、商业化和功利化。在信息社会中,高校学生应该克服浮躁之心,提升自身的文化品位,成为一个更完善的人。

第四节 弘扬非物质文化遗产视野下的高校美育实施路径

文化是国家的根本,也是国家的灵魂。普通高校应将中华优秀传统文化融入美育中,弘扬中华精神。这意味着将中华古代文物、优秀传统文化遗产等融入教育,转化为丰富的教育素材。通过美育,青少年能够体会中华文化的魅力,并从中吸取中华文明的精髓。要将中华优秀文化融入高校美育,为高校美术教育提供新的思路。

作为以"人"为核心的活态文化表达方式——非物质文化遗产,记录了中华文明的兴衰,使中华优秀传统文化的精髓得以传承,是民族审美理念和精神的重要承载体。将非物质文化遗产与高校美育有机地融合在一起,不仅符合将中华优秀文化融入高校美育的要求,也有利于中华优秀文化的传播和继承,促进大学生的审美能力提升。在高校中,将非遗文化与美育相结合,既是时代的需求,也是实施素质教育的需要。

一、非物质文化遗产融入高校美育的价值

美育是一种情感和心灵教育,对培养大学生个性和净化心灵具有重要意义。在我国现代教育体制下,美育不仅是大学立德树人的重要组成部分,也是大学教学活动中不可或缺的一环,对提高人才培养质量具有不可替代的作用。近年来,我国高校在美育工作方面取得显著成效,学科建设不断加强。然而,目前的美育工作仍然不足以与我国高校的改革和发展相适应,也不能满足高校建设全面发展人才培养体系、满足青少年审美需求的目标。对美育资源的期待与现状不相称。在非物质文化遗产继承的背景下,将非遗文化融入学校的美育中,是我国高校美育改革和发展的必要举措。这种方式不仅为学校提供了优质的美育资源,同时也有助于传承中华民族悠久而辉煌的历史文化。它有助于青年大学生树立民族的文化自信,提升其人文素养。在当代社会,对非物质文化的保护和继承对于人类文明发展至关重要。根据联合国

教科文组织《保护非物质文化遗产公约》的定义，非物质文化遗产是"被各社区群体，有时被个人视为其文化遗产组成部分的各种社会实践、观念表达、表现形式、知识、技能及相关的工具、实物、手工艺品和文化场所"。我国拥有丰富多样的非遗项目。如何在融入国际发展的同时保持其特色，是当前面临的一项重要任务。非物质文化遗产需要找到一条更符合本土特色的发展道路。截至 2022 年年底，中国已有 43 个非物质文化遗产被列入《人类非物质文化遗产代表作名录》，位居世界领先地位。

非物质文化遗产具有较高的美育价值。

第一，非遗文化是一个民族在漫长的生产和生活历程中智慧和劳动的结晶，是独特的文化标志，也代表着个体身份的符号。当代大学生通过学习自己民族的非遗，能在与其他文化交流中，树立本民族文化的独特性，增强对自身文化和身份的自信，也为中华民族的伟大复兴提供有力支持。

第二，促进高校的内容更新。非物质文化遗产中涵盖众多门类，每一门都牵涉到审美问题或呈现一种美感。这些都是极为优质的美育资源，通过非遗的引入，美育课程内容不仅局限于传统的精致艺术，还将包含带有地域特色和民间风情的美术作品。民族美术与民间美术自然融洽，充满了浓厚的民族精神与地域特色。其美育价值能更好地感染、激发人的情感，并激发他们的爱国与家国情怀。因此，非物质文化遗产所蕴含的审美意义与美育的本质是一致的。将非遗元素融入美术领域，丰富了传统美育教学的内容与方式，为美育的发展开辟了多元化途径，推动了美育的改革与创新，在当前高校美育中扮演着重要的角色。

第三，在美育教学中培养学生的动手能力。美育具有很强的实用性。非遗活态传承的特点是以操作者为主体，通过具体表现将非遗具体化。美育以实践性能力为核心，使教师和学生能够突破传统的、固定的美育教学方式，走出学校。通过对非遗文化的审美观念和人生趣味的体验，学生在创造和实践方面得到极大提高。因此，非遗在美育教学中对培养学生的动手能力具有重要意义。

二、非物质文化遗产融入美育学科的内在联系

从西周的"六艺"到《文心雕龙》《乐赋》等文艺典籍的流传，美育贯穿了这一历史过程。在20世纪初，王国维首先将美的观念引入中国，他在《论教育之宗旨》中提出了美育的概念，认为它一方面培养人的情感，达到完善的境界，另一方面是道德教育和智力教育的一部分。现代美学奠基人蔡元培主张美育能够陶冶情操，提升德育水平。随后，朱光潜、李泽厚等人继承了这一思想，并赋予了美育更加系统化的人文内涵。当前，许多学者重新提出了"大美育"的概念，将美育视为一种基于审美观念、以促进人的全面发展为目标的综合教育。

非物质文化遗产对美育而言，是一个全新的概念。非物质文化遗产是无形的，具有活力，人的介入赋予了非遗文化生命的价值。因此，非遗文化只有与具体的人和事物结合起来，才能展现其感人的魅力，并呈现其审美意义。

美育与非遗文化表面上似乎没有直接联系，然而实际上两者存在内在的联系。这种联系是对非物质文化遗产进行美育的前提和基础。美育通过培养人的审美能力和美学素养，为学生提供了欣赏和理解非遗的视角和工具。同时，非遗文化的传承也可以成为美育的实践载体，通过参与非遗的实际操作和创作，培养学生的动手能力和创造力。因此，在推动非遗保护和发展的同时，将非遗文化与美育相结合，可以为学生提供更加全面的美育体验。

（一）非遗的审美内涵与美育内在一致

美育的本质是一种提高人的审美能力的教育。高校美育的目标非常清晰，即提高人们对美的感知、鉴赏和创造的能力。受各民族和各地区文化的影响，美育呈现出多种形态。可以说，美育是一个民族价值观和精神风貌的集中体现，它是我国数千年来文化发展过程中形成的一种人文思维。基于此，蔡元培及其他美育家提出，应该让个体在美育中更好地发挥自身的作用，陶冶情操，构建和谐的心灵境界。这正是我国民族美育所追求的美学意义。而非物质文化遗产本身就具有这种美学意义。2000年，联合国教科文组织在《人类口传和非物质文化遗产代表作名录》中对非遗项目进行了界定，凸显了非遗

在美学方面的重要性。非遗作为国家文化的主要载体，凝结着独特的创造智慧、文化精神和艺术美学，具有丰富的国家美学内涵，与中国传统文化密切相关，反映了中国人民的世界观和价值取向。应充分发挥非遗文化在美育中的作用。

（二）非遗文化的实践性是美育发展的内在动力

非遗文化与美育共同的特征是持续的发展和实践。如果美育仅限于审美理论，而无法在实际操作层面进行，就无法实现学生的全面个性发展，只有通过实践才能实现这一目标。只有通过实践，学生才能感受到美，创造美，并形成完善的个性。非遗文化传承的本质特征是活态的实践性，每一次非遗展示都需要具体的人员参与，如果没有人对其进行再现，非遗传承也将消亡。因此，要想重现和传承非物质文化遗产，就必须以实践性培训为核心，让大学生和教师突破传统僵化的美育教学方式，深入乡村田野，让自己置身于非遗所带来的审美观念和视觉冲击中，从而提升自己的美育创新和实践能力。

（三）非遗文化丰富的美学表现形式是经典美育素材的延伸

高校美育是一种代表性的艺术形态，其具体的表现手段主要包括色彩、声音和肢体语言等艺术形式。在高校美育中，将古典艺术课程作为教学内容是合理的，但这种模式更多地体现了精英文化的主流观念，缺乏民族性和地域性的元素。非物质文化遗产在形态上具有多样性，不同的时代、地域和传统文化中都存在着不同的审美经验。非物质文化遗产扎根于民间，具有自然的亲和力，它是传统美学教育材料的延伸，能够使大学生通过对非物质文化遗产的审美共鸣提升他们的个人魅力。

三、非物质文化遗产融入美育学科的实施路径

将非物质文化遗产融入高校美育，不仅可以丰富其内容，还可以为中华优秀文化的传承和发展提供新的途径。现代美育应该以国际化的视野为基础，

在本土文化传统中寻找丰富的思想资源，建立一个既具有时代特征又具有区域特色的审美话语体系，从而更好地传承我们的非物质文化遗产。然而，我国非物质文化遗产呈现出多样的形式和种类，无法在没有选择的情况下将其完全融入高校的美育教学中。因此，需要在融合方式和内容上进行探索。

（一）依托美育课程设计加强非物质文化遗产的美育

在高校美育工作中，应将非物质文化遗产作为主要的课堂学习载体，对学生进行非遗的美育。选择非物质文化遗产课程内容时，需要与一般艺术课程相区别。在教学过程中，不仅仅停留在美学基础理论层面，更要将其有机地与"塑造全面的人"这一美育目标联系起来，进行有效的"顶层设计"。

在课程内容的选择上，应以具有区域代表性、中华民族总体审美取向的民间艺术类非遗项目作为教学内容。同时，可以通过组织校内教师、非遗专业人才以及课程平台等多种形式的资源发掘。在对各个方面的优点进行整合后，确定课程目标，针对不同的教学目的，适当选择相应的教学内容。

在课程设置方面，主要有两种途径。一种观点认为，将非物质文化遗产作为一个独立的单元纳入整体美育系统。但是，对大部分高校来说，这种应用还存在一些困难。第二种途径是设置"渗透性"课程，即在原有的美育课程基础上对每一个美育环节进行反思和设计，实现非物质文化与美育的有机融合。这种方式在许多大学都可以实施，是一种常见的做法，能够充分发挥非遗课程的审美功能，让学生在体验非遗之美时，获得愉悦的视听、心灵愉悦、愉悦的意志和灵感。

在培养途径方面，需要发掘和创新非遗资源，将其与民族和区域的发展相结合，服务于经济和社会发展。可在学校、企业和教师三方合作基础上，采用现代学徒制的人才培养方式，为大学生提供创新创业平台，并支持他们进行非遗文创产品的研发和设计。同时，结合企业的大数据运作模式，精确推广产品和服务，突破传统非遗的传播局限；以非遗文化为媒介，培养学生的品牌意识。另外，也可借助企业力量，在线下设立生产非遗创意产品的工坊或技艺大师的工作室，将非遗项目引入该行业，使教学变为制作，工作转变为成品。利用网络等手段作为传播载体，促进非遗文化的社会和经济发展。

（二）借助美育第二课堂开展非物质文化遗产的实践活动

1.开展非物质文化遗产的美育学生社团活动

非遗文化与当代大学生的日常生活存在很大的距离，无法单纯通过课堂的美育来真正体验其无限魅力。美育需要以现实为依托，通过对学生进行美育，可以有效地促进非物质文化遗产的传承与发展。

在大学中，第二课堂是进行美育的一个重要途径。目前，一些以非遗文化为主题的大学生社团在课堂以外搭建了共享非遗文化的社会实践空间，这对于促进非遗文化的传承与发展具有重要意义。众多高校成立了昆曲、琴艺、书法、剪纸社、陶艺社、民族民间乐团等社团。大学生通过各种社团活动，参与丰富多样的非遗研究与实践，实现了"知行合一"的目标。

此外，各种艺术展演和竞赛也为非遗作品提供了展示的平台，让大学生们在宁静的环境中欣赏非遗的美学内涵和独特价值。通过这些活动，大学生们可以更好地体验和感受非遗文化的魅力。通过实践的方式将非遗文化融入高校美育活动，能够使学生们更深入地了解、体验和传承非遗的独特价值，实现知行合一的美育目标。

2.开展非物质文化遗产的美育田野实践

很多非遗文化遗产中充满了田园生活的美好氛围，蕴含了世世代代传承的人生意义和价值观，是深刻的回忆和情感的烙印。它反映了一个国家的生活风貌、审美情趣和创造力，具有重要的美学意义。

在推动非遗进高校的过程中，除了在校园中欣赏非遗的审美形式外，还应深入细致地探索非遗进高校的途径和方式。可以开展野外参与式的审美研究，让大学生走出校园，深入非遗的发源地和传承地的广阔田间，通过个人体验、参与、访谈等方式。通过近距离接触非遗活动，对地方民众和少数民族地区的美学经验与人生趣味进行全方位、立体的探讨与阐释，旨在突破高校美育的局限。这种方式有助于对非物质文化遗产进行系统化、专业化的研究，使学生们能够充分挖掘非遗的魅力，并运用自己的专业知识传播和分享非遗之美。

(三）加强非物质文化遗产教学的美育师资队伍建设

高校对非物质文化遗产的传承与发展离不开师资的培养。为解决当前教师队伍短缺的问题，可以邀请传统工艺传承人作为美育教师，并将他们的技术与教学相结合，开展教师岗位训练。同时，我们还要充分利用现代远程网络技术，进行远程教师培训，并利用已有的非物质文化遗产教学库，以更系统化、科学化的方式培养美育师资，从而更好地满足教学的需求。

第五节 "五育"融合背景下构建中国特色高校美育评价体系的思考

当下的高校美育改革发展面临着明确的要求，这使得高校美育工作可以按照一定的规则和制度进行。它为建立以德智体美劳全面培养的教育体系、培养高素质、创新型和复合型人才提供了制度性的安排和保障。

一、对近十年国内高校美育评价研究的回顾与梳理

（一）关于高校美育评价现状与政策研究

多年来，高校一直在制订教学大纲和完善考核制度，但在五育中，唯独缺少审美的考核制度。

（二）关于高校美育评价的目的与功能研究

高校美育评价主要衡量美育的前期准备、实施过程和效果，具有导向作用、诊断作用、激励作用和管理作用等基本功能。美育拥有其他教育方法无法替代的独特作用。一些学者认为，应正确处理美育和道德教育之间的关系，转变过去将道德教育视为唯一目标和首要目标的观念和做法，以满足美育的"审美育人"特性。另一些学者认为，在多元化的环境中，我们需要超越对狭隘的理论和学科美学教育的理解，重新理解美育的作用和实现途径。美育评价是对美育活动、过程和结果进行价值评价的一种方式，旨在提高美育的质量，并为教育政策制订提供参考。

（三）关于高校美育教学评价机制研究

该领域的研究通常从与课程管理密切相关的教育理论角度出发。学者们认为，泰勒模型是目前在大学中广泛使用的一种美育教学评价机制，即教学

目标—教学执行—教学评价—教学目标。它是以教学目标的实现为核心的教学评价模型。一些学者认为，高校美育目标的实现不仅要依靠课堂教学，还需要改革和创新学习评价体系。同时，也有部分学者借鉴美国发展心理学家霍华德·加德纳的"多元智力"理论及其在学生评价中的作用，对当前的高校美育进行评价。他们期望找到一套既科学又实用的学生评价制度。

（四）关于高校美育评价的标准与工具研究

高校美育的评价标准一直是长期争议的焦点。在高校美育的"评什么"和"怎么评"方面，许多学者已从定性和定量两个角度对此展开研究。同时，一些学者从经验量化的观点出发，直接提出了使用反馈性和形成性两种类型的评价模式，为我国高校美育质量评价的定性分析向定量化转变提供了有益的理论探索。然而，这种方法的实施难度较大，难以普及。有专家认为，除了对学生评价模型和统计方法进行补充和改进外，还应引入多元化的评价主体，并结合闭环管理方式和动态指标体系，推进大学课堂教学质量评价体系的研究思路。目前，我国大学艺术教学尚未建立起一套切实可行的定量评价体系，尽管有学者提出了分层评价模型，但其评价指标仍然相对单一和简略。

已有的研究成果为当前研究奠定了坚实的基础，但多数研究关注于美育课程建设、教师培养、教学质量评价模型等方面，鲜有涉及在"五育"一体化背景下建立具有中国特色的现代大学美育评价制度的对策与方法。通过对相关文献进行综合检索，发现2000年至2020年间只有5篇。因此，高校美育评价系统的研究仍相对薄弱，需要在理论和实践层面上对其进行深入探讨。

二、关于构建中国特色现代高校美育评价体系的基本思路

（一）现代高校美育评价体系的理论框架

根据教育学评价理论，初步设计出了现代高校美育评价系统的组成元素及逻辑主线，其中包括：确保学校美育、学生审美素养与人文素养在学生成长与全面发展的评价过程中得到充分关注。美育评价的对象可以是学校教育

质量管理单位，也可以是学校本身，也可以是上级教育主管机关，也可以是社会的第三方组织。美育的对象是学生、教师以及学校。其中，学生评价以审美素养为重点，教师评价则涉及教学与评价之间的关系。高校美育的评价主要涵盖美育过程和美育效果，包含过程性、总结性和发展性三个方面。评价的环境条件包括评价方针、评价制度、评价资源等。

（二）现代高校美育评价体系的价值取向和建设主线

当代有效的、具有中国特色的美育评价制度应当以人为本。建设这样的评价制度需要紧密围绕"立德树人"和"五育"相结合，以满足高校人才培养的要求。高校在研究中应从学生、教师、学校三个层面出发，运用教育学、美学、社会学、心理学等学科的基本理论和评价手段。在此基础上，社会需要对高校美育评价的具体含义进行剖析，并对其进行界定，构建出一套专门的高校美育评价制度。此制度的核心是遵守教学与课程管理的基本原则，运用精确或定量的评价准则，以保证评价因素的基本品质。只有这样，才能找到可依靠的指导，可量化的标准，才能确保在当代构建具有中国特色、现代高效的美育体系。

（三）现代高校美育评价体系的建设重点

建立具有中国特色的现代高校美育评价体系应遵循系统性、实践性、针对性和多样性等原则。其主要特点包括标准的多样性、主体的多样性和内容的多样性。其科学内涵、构成要素、评价标准和实现途径等都是当前我国高等教育发展的重要课题。

首先，本文阐述的中国特色的现代大学美育评价系统是一个发展型的评价系统。其构建方式应以质量和目标为基本原则，并与大学的办学定位相一致，与人才培养的质量标准相符合，以充分反映美育的要求。高校美育多元评价系统的构建模式应具有综合性、开放性、多元性和交互性等特点。评量测验应能够体现学生真实的审美能力，并能区分不同程度的学生。

其次，需要建立一套衡量和评价的标准，以便对美育的质量进行多维度的比较和评价。美育评价的目标各不相同，因此其评价的尺度与方式也应该有所区别。借助各种科技方法，可以全面、全程、立体地考察评价对象，搜集到的评价资料更为多元化。这些资料应包含学生美育的过程性数据、阶段总结性数据以及发展性数据，使评价结论更具科学性，真实反映学生的成长状况。

（四）现代高校美育评价体系的建设难点

我国现行大学美育评价制度在评价主体、评价方法及评价内容上均存在不足。这导致了教学考核主体与教学主体之间的"疏离"，教学考核评价方式具有较强的主观性、较大的误差和较差的适应性，已经无法满足当今美育教学网络化、新媒体化、自主化的发展趋势。因此，需要建立一个以过程性评价、总结性评价和发展性评价相结合的美育评价体系，以提高评价的客观性、准确性和可识别性。

在构建这种多元评价模式时面临的主要困难有：第一，如何将美育的评价因素从"易测的能力"扩展为"难测的素质"？第二，美育的评价准则如何从"概括性评价"转向"进程型评价"和"发展型评价"？第三，美育的评价方式应从单一维度的测试向多元维度的全面素养评价转变。第四，在美育评价方法上，我们需要解决大数据分析方法适用性不足、博弈方法易受影响、多维评价法的区分度问题，同时还要应对心理测量方法存在的解释性问题。

三、中国特色现代高校美育评价体系的创新发展

（一）加强立法，使高校美育评价有法可依

为了保障高校美育评价的有效性和科学性，高校美育评价亟需有明确的法律依据。全面依法治国的原则应用于高校美育评价，为其提供有力保障。同时，这也为高校美育工作的下一步发展做好准备。目的是尽快澄清高校美育工作的界限，解决权力归属不明、管理与评价分离等问题，以确保高校美育的有效运行和管理。

（二）进一步改革美育评价运行机制

当前，对教学评价方式的讨论日益增多，呈现出整体性和系统性的发展

趋势。在高校美育评价中，最大的难点就是如何对其进行定性与定量的评价，并进行有效的筛选与选取。另外，由于审美价值具有滞后性、隐蔽性和扩散性等特征，因此，如何有效提升学生的审美素质是一个相当困难的问题。美育评价的实践需要是开放的、多元化的。各高校可以根据自身的专业特色，在现有的评价体系基础上，对高校美育评价的多种方式进行研究。不论是目标达成型、差异型还是反应型，只要目标与实施效果之间存在显著正相关，就可以主动进行相关研究。

（三）现代信息技术赋能高校美育评价体系变革创新

随着人工智能、大数据和区块链等新兴信息技术的广泛应用，高等教育评价方式也发生了深刻且全面的变革。基于移动互联网和大数据的人工智能为高校美育开辟了全新的途径。利用仿真辅助等特殊功能，最大限度地激发学生的学习动力，促进了美育的信息化和精细化。一旦美育实现了这种"赋能"，必然会进一步强调个性化教学、智慧课堂和适应性学习等方面的追求。而以"混合教育"为代表的新思想对高校美育的方式、手段和途径进行了变革。面对这一趋势，需要不断思考并主动运用现代化的信息技术，解决当前高校美育评价中的难题和痛点，改变以往粗糙的评价方法，推动高校美育在观念、内容、标准和方法等方面实现升级换代。

第十一章 高校美育普及建设——以服饰审美为例

第一节 高校美育普及的相关概念

一、美育普及相关概念阐述

（一）美育普及的概念

美育普及是指在社会范围内广泛推广和普及美育的理念、知识和实践活动的过程。它旨在培养个体的审美能力、艺术鉴赏力和创造力，通过艺术和美的体验来促进个人的全面发展。

（二）美育普及的性质和特征

1.性质

（1）普遍性：美育普及不仅是一种专业性教育，还是一种普遍的教育理念，涉及社会各个层面和群体。它的目标是让更多的人都能接触到艺术，享受艺术的魅力。

（2）综合性：美育普及不仅关注美育本身，还涉及音乐、舞蹈、戏剧等多个艺术领域，以及与艺术相关的文化传承和创新，强调艺术与文化的多元性和综合性。

（3）持续性：美育普及是一个长期而持续的过程，需要不断的教育政策支持和社会共识，以确保其深入推进和稳定发展。只有持续不断地推广和普及美育，才能让更多的人受益。

2.特征

（1）广泛参与：美育普及通过教育机构、社区活动、艺术机构等多种途径，让更多的人参与和受益于美育。它不仅局限于学校的教育范围，还包括了社会各个领域和层面。

（2）多样化形式：美育普及包括课堂教育、艺术展览、文化节、工作坊等多种形式，以满足不同人群的需求和兴趣。通过多样化的活动形式，可以激发人们对艺术的兴趣和热爱。

（3）整体推进：美育普及不仅关注个体的艺术素养提升，还注重整体社会的艺术氛围和文化品位的培养。它强调艺术教育与社会文化发展的紧密关联，推动整个社会的艺术水平提高。

（三）美育普及的重要性

1.个人发展：美育普及有助于培养个体的审美情趣和创造能力，提升个人的艺术素养和综合素质，促进个人全面发展。通过艺术的学习和体验，个人能够培养独立思考、创造性思维和情感表达的能力。

2.文化传承：美育普及推动艺术和文化的传承与发展，保护和弘扬优秀的艺术传统，推动文化多样性和创新。通过美育普及，可以使人们更好地理解和尊重各个文化的艺术表达形式，促进文化的传承和交流。

3.社会发展：①美育普及可以增强社区凝聚力和社会认同感。艺术活动和文化节日的举办，以及艺术作品的展览和演出，为人们提供了共同的参与和分享的机会，促进社会交流和互动。通过共同的艺术体验，人们能够建立共鸣和连接，加强社会的凝聚力。②美育普及对于经济发展和就业机会的创造也具有重要意义。艺术行业和文化产业的发展需要专业人才的支持，而美育普及可以为培养艺术人才提供基础和机会。同时，艺术和文化活动也为社会创造了就业机会和经济增长点。

二、美与美育概念的阐述

在确定美育的概念之前，我们首先需要了解美的概念和内涵，以及美的事物的表达技巧和内在规律。早期，我国的美学家们对美的内涵进行了论述，并对学者们的观点进行了总结和概括。有些学者认为美是客观存在的，有些认为美是主观感受的；还有一些学者将美看作是主观与客观的统一，同时带有一定的社会性质。

通过分析可以看出，在探讨美的本质时，美学家们在一个共同的问题上达成了一致："美即和谐"。所谓"美即和谐"，指的是美丽事物中的各个部分与整体、内容与形式、表现与内涵之间的协调一致，以及在审美活动中，审美对象的主体与客体的协调一致。当人们欣赏美丽的事物时，会感受到一种愉悦的情感和享受，这个过程就是审美，所产生的感受就是美感。

人类通过感知美的外部表象来体味其内在的精神实质。美的内涵是指美的本质和内在特征，而美所承载的则是美的外在表现。因此，美的内在本性起着支配作用，正是美的精神内涵赋予了它外在的感知力。

在对美育的内涵进行梳理和分析的过程中，我们可以将其界定为以下几个方面：美育是一种教育方法，旨在培养学生的审美素质；它是道德教育、智力教育和体育教育的辅助性教育；它是关于审美知识的综合性学科。不同学者对于美育的定义存在差异和互补。然而，在对美育的研究中，人们已经基本达成共识：美育被广泛认为是培养受教育者审美能力的过程，其中包括美的创造力、美的鉴赏力和美的表达能力等方面。在实施美育的过程中，受教育者得到了情感的陶冶、心灵的滋养和健全人格的塑造。

从美育的发展历程来看，艺术教育一直是美育实施的主体之一。然而，我们不能简单地将美育与艺术教育等同起来。美育是以美为媒介，以美来塑造心灵和道德。然而，从对美的概念的讨论中可以看出，美的内涵要更加广泛。除了艺术美之外，还包括社会美、自然美、科学美等多种形式。个体的美、性格的美等也属于美的范畴。

美育是审美的重要内容之一，也是审美价值的核心体现。相对于美育的定义而言，审美的定义更为广泛。美育是一门以美为中心的学科，其关注点在于如何通过美来教育学生，其核心目标在于通过美的力量培养个体的个性。美育探索美的构成、规律和本质，而美育的实践则是将美的规律应用于人的培育，以提升人们的审美素养、审美能力和审美观。因此，美育的核心在于"育"，即培养、塑造人的品性和素质。

三、服饰美与服饰审美概念的阐述

服装美学是通过服装作为媒介，感知和体验客观事物的美，从而达到审美的目的。服装不仅仅是文化的表达方式，也是审美的表现形式。它独特的特点在于将功能与形式相结合，将物质与精神融为一体。服装的每个组成部分都能从不同的角度展现出其美丽之处。

在服装审美中，人作为主体，将服装作为对象，服装的审美过程就是对服装美的认知和把握。服装美学与服装审美相辅相成，是相互一致的过程。

所以说，服装美学并不仅仅是服装作为一个独立客观存在，而是由人们主观的审美意识所决定。它受到人们的情感、思想和精神等因素的影响。服装美学的研究涵盖了服装与人体的关系、服装与历史的关系，以及服装与文化的关系等方面；还包括了服装与包装、服装与地域等因素的相互影响。就像人们在选择服装时，有些人注重服装的舒适度，有些人注重服装风格的时尚性，有些人注重服装的功能性；还有些人则关注服饰所承载的文化底蕴和精神内涵。因此，不同的人会根据自身的偏好和价值观，对服饰审美有着不同的标准，这使得服饰审美具有了独特的意义。

下文从多个角度对服装美学进行了详细分析，并将其分为三个主要部分。首先是社会意象，它代表了身份认同和价值观。其次是个性，它主要反映了人们的主观审美意识。人们在穿着打扮时，根据自己的喜好和审美观进行搭配，以适应各种场合。第三部分是意象的艺术性，它是服装创作的高层次产物。它以社会形象和个体形象为基础，将客观存在的美与人们的主观意识融合在一起。因此，从服装的美学角度来看，它是人们对服装美学的主观诠释，体现了人们对服装所表达的美好祝愿。

不论在哪个历史阶段，都存在一种能够代表社会形态和精神文明内涵的审美文化。任何时代的服装文化都是永恒的，具有特殊的意义和不可磨灭的历史。美无处不在，存在于万物之中。从古代到现代，服装美的传播和发展一直是一个重要的载体。中国的传统文化通过服装艺术这一载体得以传承，源远流长。因此，为了更好地理解服装美学的形成机制，我们需要深入理解服装艺术所包含的文化意蕴和历史积淀。

四、高校服饰美育概念的阐述

大学服装美学教育涵盖了多个方面，包括服装美学教育、服装文化教育、服装艺术教育等内容。通过服装美育，学生们可以培养自己的审美心性。同时，在学习服装文化的过程中，他们可以获得积极的审美情感，进一步提升自己的思想意识。在对服装进行审美的过程中，他们还能够诠释和传播传统服装的精神内涵。

服装美学不仅是对服装美的外在表达方式的直觉体验，更是对学生审美素质的发掘和对自身审美文化素质的提升的过程。通过大学服装美学教育，学生们能够培养对服装的深入理解和欣赏能力，提升自己的审美品位和艺术修养。

服饰美育作为高校美育实践的一种主要形式和教育方法，对于服饰文化研究者而言，它是在进行服饰文化传播实践时需要思考的重要问题，同时也是培养传统服饰设计创新思维的重要途径。服饰文化的诠释与传播是服饰审美的核心所在。

在大学中，学生们可以通过欣赏服饰艺术作品和学习传统服饰文化来进行服饰美育。这样的教育不仅能够塑造学生个人的审美理念和思想，还会潜移默化地对学生的民族文化自信和文化传承产生影响。

大学作为学术成果、优秀著作和教育思想的平台，同时也是美育文化传播的主要平台。在大学中，如何将美育原理与服装文化传承相结合，成为当前高校美育文化建设的重要内容。开设服装文化课程和进行服装美育是在大学中传播丰富多样的民族和地方文化的有效途径。通过这样的教育，大学生可以在学习服装审美的同时，更好地了解中华美学，提升中国传统美学的魅力和影响力。

大学在传承服装文化方面扮演着重要角色。通过开设服装文化课程，学生们可以学习和了解不同地区、不同民族的服装文化，深入探索其历史渊源、设计理念和艺术表达方式。同时，通过服装美育，学生们可以培养自己的审美意识和鉴赏能力，了解服装设计背后的美学原则和创作思维。

通过这种方式，大学生们可以在传统与现代、民族与世界的交汇中，发现服装文化的多样性和独特魅力。他们可以通过深入研究和实践，将传统文化元素与现代设计相结合，创作出具有创新性和独特风格的服装作品，展现出中华文化的独特魅力和时代精神。

第二节　服饰审美推动高校美育普及的现状

美育普及在人们对美的认知、理解、欣赏和创造方面具有重要意义。在不同的历史阶段，美育普及的内涵会有所不同。美育普及是社会主义精神文明建设的需要，也是对学生内心美和行为美的需求。

服装设计是一门属于艺术类学科的领域，它涵盖了中外服装史、立体裁剪、服装效果图、服饰图案、服饰手工艺等课程。该学科的教学任务在于培养学生设计出能够广泛接受的服装，并同时提升学生的审美认知。

在艺术院校中，通过服饰审美推动美育普及，可以有效地提高学生的美学素养，进而增强他们对服装设计的鉴赏能力和技巧水平。同时，通过注入美育元素，学生将更深入地理解服装设计中的美学原理，并将其运用到实际中。这种综合教学方法不仅培养了学生的创造力和表达能力，还加强了他们对时尚潮流、文化传承和审美趋势的理解。

一、通过服饰审美推动高校美育普及的意义

服装设计作为一门艺术学科，学生需要掌握服装设计与制作的基本理论基础，同时也需要掌握实际操作技巧。此外，他们还应了解不同时期人们对服装美的认知，并注重服装的展示功能。

在艺术院校的服装教学中融入美育，能够使学生在传承和弘扬中华传统文化的同时，对优秀的传统文化产生一种敬畏和自豪的心理，以此推动高校审美普及建设。因此，在服装设计教学中进行美育是非常必要的。

二、服饰审美推动高校美育普及的现状

弗里德里希·席勒在他的《美育书简》中指出："为了在经验中解决政治问题，就必须通过美育的途径，因为正是通过美，人们才可以达到自由。"

他认为，美育是一种能够促进身心健康、增长知识、提升道德素养、培养欣赏力和美感的教育形式。他主张通过美育塑造理想的人，一个完整而全面发展的人。他对美育的理解打破了古希腊时代人们将美育仅仅视为一种特殊方法或辅助道德规范的观念，使美育真正从人的全面发展的角度来认识，这对于后来美育理论的研究具有重要意义。

王国维于 1903 年 8 月在《教育世界》的第 56 期上首次提出了"美育"这个词，并将其与德育、智育、体育三者合称为"四育"。尽管在当时借用了"美育"这一术语，并将其作为一种教育方式进行讨论，但人们已经开始意识到美育与普通教育之间的区别。

王国维主张对国人进行美育，以提高民族的审美情趣，培养民族的新精神面貌。他非常重视文艺的繁荣，以满足人民的精神需求。他认为："美育者，一面使人之情感发达，以至完美之域，一面又为德育和智育之手段，此亦为教育者所不可不留意也。"近年来，我国的大学，尤其是艺术院校，已经开始关注美育普及，并将其与服装设计课程相结合。然而，所提出的新理论一般都缺乏基础性和可追溯性，系统性不完善，研究的科学性和客观性较差。因此，在进行课程设置时，大学教师需要参考国外的经验，并结合自身的实际情况，对课程内容进行修正，以提高课程的科学性、指导性和前瞻性。这样才能更好地推进美育普及。

第三节 服饰美育的美育普及价值分析

大学美育课程在高校美育体系中的实施日益重要，其中所包含的思想和文化内容为高校美育的发展指明了方向。然而，在进行美学普及教育的过程中，我们不能忽视服装在美育普及方面的作用。服装作为一种具有历史意义的精神文明的物质表达，不仅反映了不同时代的现实生活，还是中国历史发展中思想观念变迁的真实写照。传统服装的优秀之处在于它们不仅是各个时代人们社会生活的具体体现，同时也承载着文化和价值观念。

在学习和欣赏不同服饰文化的过程中，大学生们可以深入了解服饰所反映的历史文化和不同风格的生活情景，从而实现文化传承的目标。通过对大学生进行基本的服装美学教育，能够培养他们创新的设计思维，掌握传统的制作技术，并拓宽审美表达的途径。这些措施旨在丰富艺术设计理论，提高人们的时尚审美素养，以满足社会礼仪需求。从中国教育的观点来看，美与道德有着紧密的联系，而传统的服饰文化则是对传统道德的一种解读，它对促进高校美育普及和道德教育的和谐发展具有重要的意义。

本节从服装美学的文化建构和服装美学的人才培养两个方面入手，分析了服装美学在高校美育普及中的价值，并对山东省某大学的服装美学教学进行了分析。旨在确保服装美学教学的普及性和规范性的同时，还能体现出以人为本的个性化特点。研究中以某大学的服装美学基础课程为案例，从传统服饰技术对现代设计思维的启发、传统服饰文化对塑造健康人格的影响、服饰时尚对现代美学的引导等四个方面，探讨了服装美学对大学生整体素质的影响，以及促进中国美学文化建设的作用。在此基础上，对现代大学服装美学教育的美学价值进行总结，对于技能培养与文化育人之间关系进行进一步探讨。

一、服饰美育对大学生人才的培养

（一）培养学生创新思维

服装艺术作为一种物质载体，蕴含着丰富的精神和文化内涵。因此，精湛的生产工艺和工匠精神在传统服装文化的发展中起着至关重要的作用。一件优秀的传统服饰艺术作品并非短时间内形成的，它是历代工匠大师在不断探索、勇于创新、追求完美的创作过程中所积累的成果。这些作品在我国当代的背景下持续发展，成为推动传统文化前进的重要力量，也是我们所继承的宝贵精神遗产。

我国拥有悠久的优秀服装文化历史，在当代，更有必要传承其中卓越的思想和精神。将传统工艺作为高校服装美学教育的一个切入点，引导学生理解、传承和发扬传统文化，不仅可以弘扬传统工艺中蕴含的文化精髓，还能将传统工艺与现代科学技术相结合，激发创新和创造的思维。这种做法既能保留传统文化的瑰宝，又能推动其与现代社会的融合，使传统工艺焕发新的活力。

在普通高校的服装美育教学中，对学生进行创造性的设计思考是一项重要的任务。通过教授传统的制作方法，拓展学生对服饰美术作品的表达能力，并引导学生将服饰工艺应用于创作实践中，充实其理论功底。这四个阶段旨在培养学生的审美创新意识与动手能力，使其在实际的审美、设计和创新中运用所学到的基本服饰审美理论，提高其沟通与表达能力，全面提升思辨能力、创造力、想象力和执行力。在《服饰审美》通识课程的教学中，传统服饰工艺的学习是一个必不可少的环节，而实践操作能力是综合性人才培养的一个重要目的，对学生今后的学习与工作起着关键的作用。

然而，目前高校服装美育课程的构建存在着许多问题，尤其是在服装艺术的教育与教学设计方面。这造成了服装美育未能有效促进学生创造性思维和美育。特别需要注意的是，某些选修课程的学生人数庞大，而综合性大学的学生需面对广泛的专业范围；因此，对服装美育与创造性思维培养的关系认识不深，服装美育对学生创造性思维的培养效果不明显。在进行服装美育时，教师可能过分强调服装技术的传授，而忽略了服装中所包含的文化理念，这使得学生无法从服装艺术中获得创意思维的启发，因而可能感到困惑。因此，需要大学教师在课程设置上进行新的变革，选择和平衡美育的内容，以确保课程的科学性、严谨性和深度广度，使服饰美育课程建设更加科学合理。

山东省某大学为更好推动审美普及建设，将专业的服装制作技术融入美术鉴赏类的普通课程中，为高校服装美育普通课程建设提供了一种可行的参考。例如，在《中国装饰艺术鉴赏》课程中，教师通过传统的服装美术作品吸引学生的注意力，通过欣赏这些作品激发学生的学习兴趣和创造性思维。从学生的角度出发，让他们在学习服装美学的过程中获得乐趣，从而激发他们的学习热情，推动审美普及建设。课程内容涵盖了服装的基本理论知识、制作工艺以及相关的简单操作方法，并通过课堂展示相关的创作素材，指导学生运用相关道具和素材进行创作。在制作过程中，学生不仅学习了制作工艺，还扩展了他们的知识范围，并培养了创造的能力。通过学习手工艺，我们对传统文化和手工艺有了更深入的认识，并将其与美学原理相结合，既掌握了手工艺的技巧，又创作了大量的美术作品，给学生带来成就感和快乐的体验。

在服装美育中展开传统工艺的教学不仅仅是为了培养学生的实践能力和创造力，更重要的是将美育视为最基本的教育内容，在教学中，融入美育普及教育的文化价值，使学生能够灵活运用课堂所学的理论知识。在这个过程中，传统手工制作扮演着至关重要的角色，对于大学生学习现代设计理念和传承传统文化具有关键的引导作用。尊重个体，因材施教。学生可根据自身情况，运用相关技艺，体验创意的广度和深度。不同经验和教育背景的人可以在同一时间进行专业培训，并依靠自己的思维和判断力进行学习。

（二）激发学生工匠精神

在高校美育建设中，应将服装美学视作推动力量之一，重视学生对传统工艺知识的了解，并提升他们对这方面知识的认知。让他们认识到匠人在设计过程中的严谨态度和精湛技艺。以山东省某大学的服装美育公共课程《中国装饰鉴赏》为例，介绍了一门关于中国服装美术欣赏的课程，采用了引导学生欣赏中国服装美术作品、领悟东方美学意境的教学方法。

在这门课程中，教师着重讲解了云锦工艺的由来和特征。通过展示大面积的云锦提花丝织物作品，丰富了学生们的审美视野。丝线配色鲜艳，展示了传统服装工艺的精湛技艺。云锦技术中的色彩晕染技巧使服装图案层次分明，色彩鲜艳而典雅，美不胜收。正如其名，云锦的图案就像天空中的一朵祥云。云锦的制作过程非常复杂，通常需要至少七个人的合作才能做出最佳成品。云锦有时会使用昂贵的金丝进行织造，因此在古代它是皇室成员的专属服饰。因此，云锦的工艺和文化理念都是中华传统服饰的重要体现，具有较高的美学价值。

与此类似的还有中国的缂丝。它的织造过程中使用了五彩缤纷的丝线作为经线和纬线，经过穿织和回纬的工艺，最终呈现出"锦若云霞，纱似蝉翼"的效果。古代常将丝绸用于制作宫廷艺术品或者字画的复制品。制作缂丝的过程十分繁复，首先需要绘制花纹，然后采用"通经断纬"的方法将经丝和纬丝穿在花纹上。在经纬交错之后，还需要使用较小的梭子进行挖织图案，将多层织物的花纹、图案和质地结合在一起。由于材质、颜色和图案的不同，织物会呈现出雕琢般的效果，古人称之为"承空观之，如雕镂之像"。制作缂丝通常需要经历16个工序，其成品的正反面相同，有时需要使用上万个梭子织造一件织物。这一过程耗时较长，对技艺的要求极高，展现了编织的精细之处。

中国传统服装以其东方韵味和美学内涵而闻名，追求"精益求精"的美学标准。自西周始，中国逐渐确立了严格而条理分明的服装制作体系，并逐渐注重服装制作的标准化和规范化。

在先秦时期，深衣是一种分为多个面料块进行裁剪的服装，每一块面料都经过严格的裁剪工艺。中国传统服装采用平面构造的剪裁技术，无论如何分割裁剪部位，当服装缝合后，都呈现出清晰的线条和平坦的平面。中国特有的工艺技术在西汉时期就已经形成。经过数千年的摸索与发展，中国服装制作工艺中涌现出了镶嵌、滚压、绣花、刺绣等多种技法。这些工艺赋予了中国服装强大的装饰性和实用性，形成了独具中国特色的服装工艺。

在服装美育过程中，引导学生了解传统服装工艺不仅需要提高他们的专业技能和创造技巧，还需要弘扬工匠精神，即严谨认真、精益求精、追求完美的态度。通过这种方式，能够激发学生的学习热情，去追寻真理，培养积极的人生态度。并且在步入社会之后，能够热爱工作，尊重劳动。

特别是对于大学生这个特殊社会群体，他们聚集着中国最杰出的人才，是国家的栋梁和生命力之源。将大学生培养成具有社会责任感和审美价值观的优秀人才，是我国大学教育的使命之一，也是美育评估制度的基础。在这个基础上，弘扬工匠精神，确立学生的理想和信仰，成为提高他们整体素质的关键。

运用服饰美育的审美特征，梳理坚定的理想信仰和正面的行为规范，增强他们的思想、道德情操。指导他们追求审美理想，提升他们的思想境界。

在服饰美学教学中，提倡的"以美育人，以文化人"的教育思想，与中国传统服饰艺术中"德才兼备"的理念相契合。"德才兼备"的办学理念突出了"德""优才""精益求精"和"爱岗敬业"，是高校教育所必须具备的基本素质。

此外，在高校服装美育中，对服装材料的选择也应有相应的要求。以"匠人精神""独特技艺"为核心的文化精神，能够对经典进行筛选，剔除那些无法称之为经典的元素，从而更好地培养学生高品位的审美趣味。从整体上看，将工匠精神融入大学服装美育中，既可以培养学生的设计创造性思维，又能传承传统的服装制作技艺，推动高校美育普及建设。

（三）提高学生时尚审美素养

不管在哪个时代，时尚都是一个永恒的话题，人们追求美感的对象。在当代社会，"时尚"已成为服装美学的代名词。大学生主要是年龄在 18 到 25 岁之间的年轻人，他们具有鲜明的个人特征，对"时尚"的理解各异。大学生对时尚的追求表现出多种形式。服装美学理念具有多样性和包容性，不仅能传承和创新传统服装文化的精华，还能融合中西方的服装文化。

但是，当今的大学生普遍缺乏较高的美学修养，很多时候只注重外在的"装饰"，而忽略了其中的文化内涵。

中国传统服装文化具有悠久的历史，对当今社会的时尚美学产生了深远影响。通过对大学生进行文化、工艺和美学三个层面的服装美学教育，可以帮助他们解开当代时尚美学的密码。这样的教育将使大学生们更好地理解服装背后的文化内涵，培养他们对传统服装文化的尊重和创新的思维。从而引导大学生在时尚追求中更加理性、有内涵，形成个性化的审美观。

服装美学是大学服装美学的重要组成部分。服装作为一种文化的表达形式，仅仅从服装美学的角度解释服装是不够全面的。因此，在对服装美学进行阐释的过程中，需要探究文化、艺术、历史等方面的知识，以更深入地认识流行时尚和普遍存在的艺术美学价值。

与服装设计专业的必修课相比，普通服装教学应该在知识面上进行创新，重视课堂实践，不要局限于传统的服饰美育。通过将服饰美育与油画、雕塑、音乐结合，或将戏曲与其他艺术基本科目相互融合，寻求新的途径，深入挖掘多个领域的美学价值，对服装的绘画、剪裁和色彩进行多种艺术美学的阐释，包括图案、材料等要素。通过学习服装搭配等专业知识，将现代时装美学的元素引入教学中，培养具备时装美学鉴赏能力的综合型人才。

通过多种形式的艺术表现，使学生认识到服装的美，并在创作中得到提升。它与服饰专业的通识课相互补充、融合、贯通，是培养大学生审美素养的关键要素。这样的教育方法有助于培养学生全面发展的艺术眼光，并在服装创作中展现出独特的美感。

服装作为人们思想和精神的重要表达方式，承载着丰富的文化内涵。中国古代服饰的装饰纹样、服饰构成以及其所承载的历史典故，都折射出中国人的伟大精神与内涵。服装中的人物图腾、动植物图腾以及几何图形等元素，对于当代服装的创作起到了重要的推动作用。它们为当代服装美学的发展提供了方向和设计思想，将中国传统文化有机融入服装美学教育中。

在高校服装美学教学中，引导高校学生利用新技术、新材料和新理念，创造出新颖的服饰美，为当代服装美学提供了新的启示。这样的教学方法使中国传统服装在当代焕发出勃勃生机。通过创新的方式，大学生可以将传统服装的元素与现代时尚相结合，创造出富有个性和独特魅力的服装作品。这种创新不仅展示了中国传统文化的魅力，也为当代服装设计注入了新的活力。

山东省某高校开设的《时装形象鉴赏》是一门以审美为主要内容的艺术基础课,教师运用专业的服装美学语言,全面解读了服装的造型、面料材质、肌理以及色彩等各个层面对设计目的和美学表现的影响。此外,饰品设计作为课程中的一部分,更受到学生们的欢迎。学生有机会将服装配件及辅料进行拆分、变形、融合,将服装美学的理论与设计实践有机地结合起来。通过服饰展现个人的审美情趣,使服装美育文化真正融入人们的穿着生活。

通过掌握服装美学规律,教师在教学过程中使学生能够在服装美学中感受美的力量,实现创造美和享受美的目标。在另一门基础课程《女性魅力形象塑造》中,通过对现代汉服的审美构造进行介绍,让同学们认识汉服美的内涵。引导学生合理搭配传统服装与现代饰品,融合传统与当代美感。这种教学方式备受同学喜爱,吸引更多同学积极参与服装美学的实践。

最后,在结业作业中,学生们被要求根据自己的喜好创作一套与自己相适应的服装形象,将在课程中获得的审美经验融入其中,从而展现自我。这样的创作过程不仅让学生们获得审美活动中的自信和快乐,也强调了时尚审美观的重要性。时尚审美观并不仅仅是掌握服装搭配技巧,它需要在适当的场合和适当的着装下,才能营造出和谐的美感,

综上所述,高校开设服饰审美相关的通识课,有利于引导大学生的审美观念,推动高校审美普及建设进程。

(四)端正学生礼仪样貌

中华服装文化中的礼节是人们在交流中相互尊重和友善的重要方式。在中国的历史发展中,不同时代下的服装礼制具有不同的特点,服装礼制文化也因地域、民族和风俗的差异而各不相同。由于时代和地域的差异,不同阶层的服装礼俗文化也有其独特之处。所以,当我们追求服饰美时,不能只看表面,盲目跟风,应该进行逐层分析,深入挖掘内涵。

合适、规范的着装礼仪有助于规范行为,让人们在日常生活中感受到他人的修养与文化素养。因此,我们应当重视服装礼仪的规范,从中体会到其中蕴含的尊重和友善,并将其融入日常生活中。这种文化传统的继承和传

承不仅有助于维护社会和谐，还能增进人与人之间的互动和理解。

大学生的服装审美观对他们的服装礼仪概念形成产生直接影响。正确且积极的美学观点通常会对个人的仪容仪表规范产生重要影响。从个人角度来看，提高自身的审美观有助于增强个人魅力、提升形象与气质。从群体角度来看，这能够使群体的服饰礼仪标准化，符合职业文化需求。因此，加强大学生的服装美学素质，正确使用和规范服装礼仪，在当今高校美育普及建设中具有极其重要的意义。

在服装美学教学中，仅注重服装本身的外在美是远远不够的。服装虽然是一种装饰，但仅仅强调外表的装饰并不能完全体现服装的美感，而应该关注服装的审美价值。因此，在服装美育中，必须秉持育人的理念，引导学生追求更高层次的内在美。

与外表相比，学生的性格、自我修养和文化修养等内在美更为重要，因此我们需要花费更多时间去培养它们。大学教师应加强对大学生的教育和指导，提升他们的文化素养和内心修养。同时，我们要充分发挥服装美的外部功能，利用服装美来唤起大学生的审美欲望，从而塑造良好的个性。通过使服装的外部装饰美与内在美相互促进，我们可以在日常生活中培养学生的内在品质和外在礼仪。

在培养学生的内在美的同时，我们还要促进他们的全面发展，使他们的外在美更加绚丽。因此，在服装美学教学中，我们要注重培养学生的整体美感，使他们不仅在服装上展现出个性魅力，同时也在品德、知识和社交等方面得到全面发展。

二、服饰美育对中国美育文化建设的推动

（一）弘扬优秀传统文化

在对服饰美育的研究中，首先需要搞清"传"与"承"两个方面的涵义。"传"指的是将先人的理念、精神、文化精髓一代又一代地传承下去。"承"则意味着领会前人的灵感，探寻其理念，并运用到当下。文化"传承"的实

质是对"承"的继承与发展,这不仅是基因的传承,更是对这个时代精神理念的创新。

高校服饰美育的核心在于"承"这个概念。它应以美育为切入点,发掘其中蕴含的时代内涵。传统服饰文化是服饰的"根",它为当代服饰产业注入了源源不断的生机。高校服饰美育以服饰为载体,承担着对中国传统文化的"传承"任务,是对情感、风俗、礼仪、思想的传承。其目标在于提升大学生的审美意识,以中国传统服饰艺术为载体。以民族文化的精神塑造他们的人生观和价值观,借助民族服装美学文化培养他们的审美观,从而提升高校的美育普及度。

服装美育的过程涉及对传统服装文化的探索,通过对服装美的外部表达和服装美学发展规律的分析。服装审美观的变化与传统文化的传承密不可分。从横向上看,中西方文化的交流和相互借鉴,各种文化的交融和融合,以及新媒体的兴起,都对传统服装文化的表现形式和美学内涵产生了一定影响。不同文化之间的交流丰富了传统服装的表达方式,并赋予其时代的价值,让传统服饰在任何时候都保持生机。

与此同时,西方的不良文化也对人们对传统服饰的理解产生了很大的影响。导致对传统服装的认同程度下降。在这种情况下,人们的审美观也受到了影响,但这也为人们提供了更多受教育和开阔视野的机会。大学生是一个重视个性发展的群体,拥有不同的个性特征、思维方式和人生经历。因此,同一件事情在不同大学生眼中会引发不同的美学感受。利用民族服饰文化对大学生进行美育,其作用也会有所差异。因此,在服装美育的过程中,掌握传统文化传承的规律至关重要。

传统服装文化是古代人思想意识的一种表现,与人们的精神状态和历史进程密切相关。随着古代人们思想观念的变迁,传统服装在功能和形式上不断演变。起初,它只是满足物质需求的保暖和保护身体的工具,后来在封建王朝中被用于实现衣冠之治。丝绸之路开通后,传统服装成为文化交流的媒介。经过各个朝代的发展,传统服装被赋予了丰富的精神价值。传统服装文化汇集光阴的印记,通过对其进行研究和探讨,能够了解中华民族的历史发展脉络,探索各个时期服装美学的发展趋势,从而掌握服装美学的组成规则。

同时，它对当代服装的美学思想也有一定的指导意义。

在大学生的服装美学教育中，主要目的是让学生通过中国传统服装认识华夏文明的悠久历史，挖掘中华民族在生产生活中所创造的思想观念和精神价值观。通过对传统服装的研究和学习，学生可以更好地了解自己的文化根源，并在审美意识和美学素养方面得到培养和提升。

中国的服装文化拥有悠久的历史。从服装美育的角度来看，我们需要抓住服装美育的核心要义，挖掘服装所蕴含的思维方式，并把握服装美育在时代中的价值。在当代大学服装美育中，服装既要满足学生的审美需求，又要满足他们的文化需求。

在对传统服装进行美学教育的过程中，我们对传统服装的艺术表现形式进行了分析和研究。传统服装文化所体现的礼义道德、审美观念、多元文化的交融以及对美的追求等，都与现代文明一致，是当代中国应该推崇的精神文明。

同时，在继承传统文化的基础上，也需要将新的理念与之融合，以适应时代的发展趋势。将传统文化与当代思想相结合，将传统文化的精神意蕴融入当代的文明建设中。

高校服饰美育应充分挖掘其中的文化特质，并将其融入大学生的全面素质、高尚人格以及正确的价值取向中。在培养大学生高尚理想、树立文化自信的美育进程中，高校的服装美育与当代年轻人对传统文化的认识密切相关。这对解决外来文化侵略等问题具有重要作用，也是满足人们精神文化需求的新途径，同时，它还是推动高校美育向更多群体普及的重要方式。

（二）展现各民族文化魅力

作为一个多民族的国家，各民族拥有各自的文化和生存区域特征，形成了多元的民族文化体系。作为一种特殊的文化表现形式，民族服装在大学生树立国家文化自信方面起着重要的作用。因此，在大学服装美学教学中，我们需要思考如何体现民族特点，发挥民族服装应有的作用。我们应重视学生的审美能力，培养他们的创新和创造能力，建立学生的文化自信。

将民族风情作为开展服饰美育的切入点是非常重要的，要对各民族、各地区的服装特征进行准确的把握，发掘各民族间的差异和多样性。实际上，这是一种将思想和情感融入服装中，表达审美心理状态的方式。

各个民族经过不同的发展过程后，将其独特的审美情感注入自己的服装文化中，从而形成了多元的魅力。通过对不同民族服饰和文化符号的分析，可以区分它们之间的差异。此外，在中国多民族文化发展与融合的过程中，各民族的文化在融合和碰撞中不断发展，人们将服装作为媒介进行相互沟通和借鉴，对彼此的文化产生深远影响。因此，在服装美学教学中，应重视挖掘大学生对服装艺术精神的理解，掌握其民族特征，以展现我国的民族文化的深沉与壮丽。

第四节　高校服饰美育系统建设与探讨（以山东省某高校为例）

在构建美育系统时，应以传承传统文化、培养创新思维和提升审美素养为基本思路。山东省某高校在服装美学教育课程的构建方面取得了良好的成果，这对于增强大学生的文化自信、民族自豪感，提高他们的创新能力，培养健全人格，推动高校美育普及起到了重要的促进作用，其美育效果也显而易见。

该大学的服装美学教育课程将传统服装文化的传承作为服装美学教育的一部分。在教学中利用传统服饰的韵味激发学生的学习兴趣，唤起他们对传统文化的审美需求，并使他们能够全面理解传统服装美学所蕴含的精神内涵。在进行服装美育的过程中，需要将传统服装文化的精神内涵与当代时代精神融合，以创意的方式表达传统服装文化，使其永葆时代的活力。

当代青年勇于创新的精神和实践能力成为现实的需求。在山东省某大学的服装美学教育课程中，培养学生的创意和创造力是其主要目标。通过通识课程，引导学生了解传统服装的制作过程，并阐释其中所蕴含的匠人精神，以激发学生的审美和创造力。同时，也对学生的艺术创作提出审美评判标准。在服饰美学教育过程中，学生应从传统服装制作技术入手，掌握服装制作的基础技术，并将这些技术融入现代服装制作中。

在服装美育过程中，与学生进行有效沟通至关重要。唯有通过这样的沟通，学生们才能及时反馈美育成果，解决服装美育中的问题，并弥补大学生综合素质的不足。山东省某高校的服饰美育旨在让学生正确对待服饰礼仪，提升他们的时尚审美品位。同时，通过与思想政治教育相结合的方式，对学生进行审美熏陶，培养他们的审美辨别能力，使他们能够辩证地看待不同文化背景和流行的审美文化。服装美育在育人方面发挥着显著作用。

在该大学进行美育课程建设的过程中，巧妙地将服装审美知识与其他学科相融合，确立了美育建设的发展方向，并对当代高校美育体系进行了丰富充实，最终形成了一套独具特色的高校美育体系。这一体系提出了新的构建现代高校美育的理念，对中国高校美育及美育普及建设具有一定的参考价值。

当然，每所大学都有其独特的美育普及构建体系和实施方式。在开展美育普及工作时，大学应注重将自身的美育特点与实践相结合。在学校的美育普及工作中，需要认真付出并持之以恒；要以求真为本，将美育与思政相结合，进行交叉学科研究，充分利用校内外资源。这不仅为学院的教学与研究工作提供有力支持，也为学生的美育积累了宝贵的实践经验。

一、服饰美育通识课程建设

（一）整合艺术通识课程，推进服饰美育思想

该大学的服装审美教学是该省高校美育普及教育中的一个重要组成部分，其具体的教学内容如表 11-1 所示。

表 11-1　山东省某高校服饰美育课程

课程名称	审美知识	审美修养、审美情感	审美能力
女性魅力形象塑造	美在设计范畴，塑造美的形象	通过创作美丽的图像，激发人们的爱美之心，并从中获得乐趣	提升创造美的能力
时尚传播与流行文化	1.现代人们审美规律，关注外在美，注重形式美。2.了解美的外在形式，关注外在美的表现形式。	现代时尚引领潮流，激发审美主体的欣赏和追求	从美的角度理解现代服饰，可以寻找服装中的时代性特征

续表

课程名称	审美知识	审美修养、审美情感	审美能力
时尚形象鉴赏	分析时尚形象审美性，解读美的时代特点	会被时装图片中所表达的美所吸引，并且会关注其中所体现的时尚元素和时代氛围	审美鉴别能力提升
服饰品牌与大师作品评析	认识服饰品牌与大师作品审美的表现形态	精美的服装能够吸引审美主体的注意力，激发他们的审美思维	要掌握好服装艺术的美感，需要找出服装艺术中美的表现特点
现代艺术美学与设计思潮	解析当代美术审美特征与审美思考	能够对当代艺术美的属性有一个整体的把握，并从中获得审美创作的启示	能够积极地认识美丽的事物，并将其表现出来，展现出客观的内在美和主观美
中国装饰艺术鉴赏	从服装作品的色彩、款式、面料等外观形态中领悟美的韵味，并从文化背景中考察中西服装美学的历史变迁	一个人会被服装的美所吸引，并关注着它们，因为美在人们内心深处的追求中扮演着重要角色	能够主动学习和模仿具有美的事物，并且能够运用美的法则来表现美
中西服装史	能够从历史、文化、美学等角度，以及审美意蕴的观念来审美服装	能够掌握各个时代服装美的表现手法，并从中获得审美创造的启发	全面理解当代艺术美的多元属性，获得审美创造启示

续表

课程名称	审美知识	审美修养、审美情感	审美能力
服饰搭配艺术	1.对服装美学的认识以及运用服装配饰手法实现服装的美学创作 2.认识服装美学的重要性，并掌握运用服装配饰手法实现服装美学创作的技巧	提升审美创造能力，可丰富审美创造手段	全面理解当代艺术美的多元属性，获得审美创造启示
中国工艺美术史	服装审美意蕴可以从历史、文化、美学和观念等多方面理解	全面掌握美感能力。	能够主动学习和模仿具有美的事物，并且能够根据美的法则来表现美
服饰图案	能够通过各种颜色、形状、质地等外在形态，对服装作品的审美认知和文化美学表达探讨	服装吸引着人们的目光，并激发他们内心深处对美的追求	掌握传统服装纹样的美，可以帮助我们更好地理解服装中的构成形态，从而深入探索服装设计的艺术之美

该大学在服装美学教学方面提供了一系列通用课程，如《中国装饰艺术鉴赏》《时装形象鉴赏》《女性魅力形象塑造》等，对这些课程的教学效果进行了分析。在进行服装美育的过程中，学生不仅可以扩大自己的文化和艺术知识，还能培养对服装的审美观。

经过对服饰历史和文化的深入探讨，探索了服饰美的形成方法和表现规则，旨在引导学生通过色彩、形状、纹理等外在特征认知服饰的审美特性，并深入挖掘传统服饰文化的审美表现与价值。课程构建以历史为主线索，以杰出的服饰作品为指引，通过纵横两个层面探究服饰之美，旨在帮助学生更清晰地领会服饰之美的内涵。

例如，《服饰品牌与大师作品评析》《中华博物馆经典艺术与人文》等美育基础课程将优秀的服装艺术作品的美学理念融入服装美学教育中，使工艺美术、装饰艺术等与服装艺术相互对比、相互学习，从而拓宽学生的审美视野，提升他们的美学素养。

该校的服装美学课程拥有丰富的美学内容，对拓展学生的美学观和提高他们的美学素养起着重要作用。这不仅能帮助学生建立正确的审美观，也能为他们打下坚实的基础。

此外，该校开设了多门专业课程，包括《服饰品牌与大师作品评析》《装饰艺术鉴赏》等，旨在帮助学生认识和理解具有代表性的服装品牌。通过这些课程，学生们可以了解世界上最知名的时装品牌以及它们的设计师。该校希望通过这些设计师的生活经历、设计风格和创作，让学生对设计师这一职业有更深入的了解，并认识到这是一个兼具艺术与商业属性的职业。

同时，从这些大师的经验中，学生也能获得一些启发，学习他们在设计历程中持续打磨和总结出的设计理念、手法、审美观念以及经营管理经验。基于这些经验，学生们可以理性规划自己未来的事业，并提炼出自己的设计思想。此外，培养学生的创造性思维，找到与自己相适应的美学样式也是重要的目标之一。通过这些课程的学习，学生们可以在实践中借鉴名家的经验，为自己的未来打下坚实的基础。

该大学的《服饰品牌与大师作品评析》《时尚形象鉴赏》《时尚传播与流行文化》等一系列课程对服装产业进行了深入研究，旨在为大学生的创造性思维开发提供参考，激发设计专业毕业生的创造热情，并为中国的国际化服装大公司贡献自己的力量。

大学通识教育是一种普及性且基础性的教育。由于时间、专业要求和学分等因素的限制，学生在选修通识课程时往往无法完成全部。因此，学校从学生的视角出发，将相关性强、代表性突出且备受学生欢迎的课程纳入美育中，以最大程度地发挥其作用。《女性魅力形象塑造》是一门备受欢迎的基础课程，整合了《形体塑造》《化妆设计》《发型设计》《时尚着装》和《社交礼仪》等多个热门基础课。为了更好地满足学生的兴趣和审美需求，该课程对每个章节的内容进行了精选整理，将 180 学时的课程缩减到 36 学时。

随着社会经济的发展，人们对个人形象的重视不断提高。人格魅力是个人综合素质中不可或缺的一部分。然而，当前我国高校在校园文化建设过程中出现了一些问题，主要体现在套路化、商业化的发展路线上。目前开设角色造型设计课程的高校主要集中在戏曲与影视艺术专业。《女性形象魅力塑造》以"厚基础、宽领域、强素质"为指导思想，注重理论与实践并重。课程内容包括造型技巧、审美原则、形象色彩、基础保养、服装选择、化妆技巧、服装搭配、个人服装设计等。该课程旨在培养性情与礼仪，着重普及基础知识并传授造型技巧，力求使其更具广泛适用性。强调高校教师外在形象建设的同时，也应注重教师自身修养，以提升其形象和竞争力。《女性魅力形象塑造》主要以审美趣味为核心内容，旨在培养学生所需的各种造型技巧，对于提升大学生的服装审美素养和规范服装礼仪具有一定的指导意义。

通过对上述案例的分析，我们可以发现服装美育类课程具有以下显著特点：首先，课程设计水平得到最大限度的提升，整体水平得到提高，使学生能够学习到传统服饰艺术的美感和经典之作。根据学生的实际情况，对教学内容进行了精心优化，使得课堂教学既能体现内在的逻辑，又能呈现外在的形式。其次，通过对课程中美育成效的评估，规范了美学素质的评定标准，并进行了对学生美学素质的测验（如表 11-2 所示）。

表 11-2　校审美素养评价指标

指标		评价要求
一级项目	二级项目	
审美知识	审美基础	通过对服装的形态、图案、结构和色彩等方面的把握，我们能够感受到其中所蕴含的自然之美、社会之美和艺术之美
	审美认识	通过梳理各种美学观念，分析美的表现方法以及探讨美的形成规律，我们能够深入理解美的本质和内涵
审美情感	审美态度	服装的审美识别能区分不同的审美形式
	审美趣味	积极追寻美，唤起人们的审美情趣

续表

指标		评价要求
一级项目	二级项目	
审美能力	审美品赏	具备分析美的表达方式和美感欣赏能力
	审美仿效	主动研究并模仿美的事物，并遵循美感法则，能够将客观存在与主观感觉融为一体
	审美创造	在美的实践中，我们通过丰富的想象力能够创造出美的事物
其他素养	道德素养	通过对自己的行为进行端正，我们可以提高学生的合作能力和竞争能力。同时，我们也要坚定学生的理想信念，培养他们的责任感、关爱心和感恩之情
	学习习惯	培养良好的学习习惯是重要的，积极主动地学习
	学习能力	在学习过程中，我们应该注意自身存在的问题，积极思考并解决。同时，培养学生的竞争精神、想象力和创造性也是十分重要的
	研究能力	在学习过程中总结经验，勇于探索

该大学的美育普及研究中心组织全校师生申请了 21 个学校优秀传统文化公共课，并在此基础上展开了为期 6 个学期的教学计划，其中包括研究生公共课《中华博物馆经典艺术与人文》。目前已经进行了 3 个学期的教学，总计开设了 4500 多个课时的各类文化课程，并培训了 6300 多名学员。这些课程内容涵盖了馆藏、服饰文化、装饰艺术等领域，以及民间美术、古典园林和古色古香的绘画等传统文化范畴。

该研究中心拥有一支高水平的专任师资队伍，致力于促进中华优秀文化的传播和发展。为推动该计划的实施，他们一方面组织了一批具有责任心和专业素质的教师召开座谈会，另一方面还邀请有经验的非遗传承人担任兼职教师，以确保授课由具有较高水平的传承人参与。

从最初的背景整理和目标定位，到公共课程的开设，该师范大学在继承和创新方面探索出了一条独具特色的道路，并从中受益良多。

与此同时，山东省某高校美育普及研究中心也积极将中华优秀传统文化纳入教学材料中。该研究中心已经组织了多位老师参与中国传统文化教材的开发，组织编写了符合"十四五"规划的全国和省级教材，并申请了《普通高等学校美术教育》系列教材。该研究中心还将以"国家非物质文化遗产"为主题，进行多样化的创作工作，旨在使创作作品具备更强的时代性和艺术性。

（二）特色课程创新，引领服饰美育发展

在现代社会中，中西两种文化的融合越发紧密，中国的服饰文化与世界的联系也日益紧密。中国的服饰文化以及其审美观念正快速发展，这促进了服饰文化不断进行着变革。大学服装美学教育课程的改革是顺应了服装审美文化的发展趋势。这一变革对当代大学生有着重要意义，不仅可以继续传承和发扬中国的传统文化，也能让他们领会传统服饰的审美内涵，同时以更自信的态度迎接来自世界各地的时尚文化。这一改革在培养学生的时尚意识、文化自信和跨文化交流方面发挥着重要作用。

中国经济快速发展，产业产量和社会对人才的要求越来越高，这也促使毕业生更加注重专业技能和实践能力。然而，在这种巨大的社会压力下，大学服装美学教育也出现了一种现象：为了满足就业需求和迎合公众普遍审美偏好，一些学校过度顺应科技与大众文化，而忽略了学生更高层次的精神需求。

高校教师应该对大学服装美学教育的美学标准有清晰的认识。如果过于急功近利，就会导致大学服装美学教育的美学价值缺失。因此，在服装美学教学中如何充分发挥美学的价值，是一个亟待解决的问题。

山东省某高校一直在探索和创新如何发挥大学服装美学教育的美育价值。高校服饰专业课程的主要内容是提高大学生的美学和人文素养，不再仅仅是传授技艺。他们的教学改革方向是挖掘民族服装文化中的精神内涵。

在对普通服装美学课程的探讨中，发现《中西服装史》符合大学生对服装美学的精神需求。因此，山东省的普通高校已将《中西服装史》纳入普通美育普及课程的方案中。在选择课程内容时，该课程集中比较中西方服饰文化的历史演变过程，以中西文化及制度的建立与发展为线索，通过比较分析中外服装在不同历史阶段的异同，探讨其成因。同时，将服装艺术作品与历史文化结合，使不同专业的学生更深刻地领会服装的艺术审美、民族情感以及所蕴含的历史文化内涵。

此次活动邀请各年级服饰及影像设计专业的学生参加，展示近年来艺术院校的成果。通过对学生提出的问题和问题的设置，引导学生探讨不同年龄段人群对服饰选择的喜好，并深入探索各年龄段人群的社会背景，以揭示新、中、西服饰风格的演化历程。

在教学实践中，教师需重视学生主体性、创造性和批判性思维的培养。采用多种教学手段，创设丰富的情景教学环境，培养学生自主探究、思考和讨论的能力。科学引导学生体验学习服装文化的乐趣，拓展他们的视野，促进他们的思考能力。

以服饰艺术为教学载体，加强学生的沉浸感，提升他们的审美体验。通过换位思考，让学生体验不同时代的审美观念差异，分析差异产生的原因，激发学生对服饰文化的探究热情。同时，利用板书、多媒体展示等方式，帮助学生清晰地理解服饰文化的知识体系和课程主线，将服饰文化与其所处时代背景相联系。这种方式可以让学生更好地融入当时的环境，感受服饰文化的变迁与发展。

在服装美育过程中，要强化历史和人文方面的知识，将学生带入特殊的年代里去，以便为引入和介绍那个时代具有代表性的服装做好准备，从而激发学生的求知欲望，并使他们能够根据所处的时代环境对服装进行分析。在教学中，可以通过图片展示服饰作品图像，使学生能够识别和运用中西方服装元素。在这基础上，还可以将国风服装、国风纹路、颜色、装饰等元素引入民族文化中，培养了学生对民族文化的自信心。

该课程旨在提高学生对服装艺术作品的欣赏能力和审美水准，同时注重提升各专业同学在学习中的参与度，提高课程的知识性和趣味性。通过探索服饰艺术的历史、人文和科技创新等方面，使学生能欣赏服饰的美感，分析其中的规律，从而提升自身的文化审美素质。《中西服装史》这门课程特别注重服装审美的历史发展，并符合现代美育观念，强调对传统文化的传承和发扬，同时重视服装艺术的审美价值。《中西服装史》作为学校美育的重要组成部分，也是学校传统文化传承的重要组成部分。作为一门面向全校的服装美育通识课程，《中西服装史》的存在具有必要性和合理性。

《中西服装史》作为一门融合了艺术审美与文化传承的服饰美学学科，展示的服饰皆经过中国传统历史沉淀和工艺处理。通过学习，学生能够不断地获得美的享受和体验。在学习服装文化的过程中，学生不仅能积累美学体验，还能增强自身的审美意识与鉴赏能力。在课程设计方面，采用了一种新颖的展示方法，让学生能够直接通过计算机和屏幕观赏服装美术作品，并了解其历史背景、文化故事以及艺术家的风采。这种方式既能让学生更深刻地感受服饰的审美价值，又能增强他们对服饰文化的浓厚兴趣。历史文化故事能唤起学生的情感共鸣，帮助他们更好地理解艺术作品。此外，这门课程能够让更多的学生参加校服美术作品的展示会，通过这种方式，学生可以更充分地体验服装的美感，也可为学校的美育提供强有力的宣传平台，从而在高校中营造出美育氛围。

总之，山东省某高校的服装美学教育是当前高校美育普及建设的一种新形态。它采用了一种特殊的教育方式，符合服装美术作品的美学特点和创造规律。换句话说，它是通过服饰审美进行美育普及的一种形式，通过对服装审美的文化内涵进行阐释，实现服装美术的美育意义。从单纯的服装美学角度，很难完全领会服装美学的核心精髓。然而，如果教师在教学中解释服饰审美作品所蕴含的历史文化，可以为学生创造更优美的情境，从而提高他们的审美欣赏能力。这种教学方法在学生中显然更易被接受。

（三）以学生为中心，补充高校美育普及建设的不足

随着科学技术的发展和生产力的显著提高，丰富的物质财富对文化、科技和经济的发展起到了积极的推动作用。大量的物质财富和科学技术的广泛应用为人们带来了方便和舒适，但同时也带来了负面影响。流行文化所具有的便捷、快捷等特点，在某种程度上对大众的审美理念和审美取向产生了一定的影响。在这种情况下，对高校美育的普及建设进行改革是必要的。然而，目前高校服装美育的构建还不够完善。由于服装美育的目的不明确，教学方

法单一，且过于呆板，导致学生对服装美育感到迷茫。因此在进行学生美育时，应注意并分析其在教学中出现的共性问题，并对问题的成因进行深入剖析。通过对大学生服装美育的特点和普遍性进行分析，可为其他美育的构建方式提供参考和补充。

通过调查发现，在学生的日常生活中，他们在服装鉴赏过程中很难关注到传统服装的文化。很多人都追求跟随潮流，他们热衷于时尚和个性化的服装。这显示了当前高校服装美学教育面临的重要问题，即缺乏高校学生的服装美学素养。这在很大程度上是因为大学生们都是年轻人，对时尚这个新鲜事物非常感兴趣。此外，由于一些中小学存在"智育独大"的现象，导致许多学生在进入大学之前没有接受科学的、有指导性的美育，从而导致他们对传统美学的认知出现偏差。

近年来，我国服装行业出现了大量假冒伪劣的国风服饰。有些产品为了迎合消费者的需求，只是在服装上附加中国服饰图案，却没有从整体美感出发，却贴上了国风的标签。这使得一些高校学生对国风的认识出现偏差，忽略了华夏文明在服装文化发展过程中所体现的中华传统美学价值的核心内涵。民族服饰的形态特色和特征，以及大众的审美原则，都有待进一步探索和阐释。

上述调查对发现山东省某高校开设的服装美育课程中存在问题的解决提供了全新的思路。首先，该校作为一所综合性大学，将服装美学与其他艺术学科结合，丰富了学科体系，通过本课程的教学，能够让学生运用艺术的审美特征，对服饰之美进行阐释，满足其文化审美需求，从而促进其综合发展，提升职业素质。在构建高校服装美育基础课程时，需要注意协调发展。这门课程具有完备、结构合理、侧重实用的特点，使学生能够了解服饰设计的灵感源泉和民俗意蕴，掌握服装样式的经典与创新精华，并将其与服装设计相结合，提高创新水平。

其次，服饰美育的目标是为中国社会发展提供全方位的人才。通过普通服装美育课程如《中西服装史》《中国工艺美术史》《服装美育》等，从历史和文化的角度全面剖析和阐释中国传统服装文化，使当今大学生树立文化自信和民族荣誉感，提高他们的文化意识和民族责任感。同时，加强对服装专业基础课程的教学，注重培养学生的动手能力。以《女性魅力形象塑造》为例，教师可以引导学生进行实际操作，让不同专业的同学都能参与到服饰美的创作和表达过程中。从而培养学生的实践能力和美学创造力。

最终，通过服装通识课程教学将服装美学的教学方法，以及历代优秀学子们的服装作品展示给同学们，让他们在欣赏服装之美的同时，获得美的愉悦。这有助于净化学生心灵、陶冶情操，并实现全面推进素质教育的目标。山东省某高校的服装美学基础课程是学校美育普及建设改革的典型实例。该课程的成功实施提高了学校师生对美育的认识，吸引了教师、家长和学生的关注，推动了美育普及事业的发展。随着素质教育理念的深入人心，大学生对美术的认知程度和学习兴趣不断增强，服装设计、服装表演等学科也相继涌现，为学生培养美术特长提供了专业化的平台。大学生的德、智、体是其发展的基础，而美、劳的和谐发展对其产生了明显的正向影响。

二、传统文化艺术展览

该校美育普及研究中心采取了高师美育的实施战略，并与高校共同举办民族服装创意主题展览，将美育与教师的教学情境相融合。通过这些举措，学生们对美的尊崇、认识、弘扬和运用进行了全面的探索。美育普及研究中心以优秀的美术作品平易近人且富有感染力的特点，鼓励每位学生在展览中汲取传统文化的滋养，塑造心智，树立立德树人、以美育人、德行合一的教育观念。通过师资培训，努力打破书院教育的束缚，使美育文化在祖国的年轻一代中建立起文化自信。

展示对传统服装进行创意创作的作品，是一种传承传统服装文化、展现创意表达的方式。它让同学们通过创新的手法感受到民族服装的魅丽，体验传统文化的传承，将他们带入一种独特的环境和氛围中。这样的展览传递情感，传承文化，为同学们提供了特殊的体验。

山东省某高校在进行美育普及建设时广泛运用服装艺术和文化的展示。他们将设计与艺术、理论与实践、传承与创新相结合，提出了一种新的美学教育理念，不仅展示了现代服装的制作技术和美学，还能体现民族的思想和情感。在展览作品中，他们运用并创新了传统服饰元素，对传统文化理念进行了全新的诠释，从而发掘出传统文化所具有的美育价值，并将民族精神发扬光大。

与专业美术课不同，该校的传统美术展览馆将服装审美作品展示在学生们日常学习和活动的教学场所，以方便学生们欣赏。这样的做法将美育融入大学生的学习和生活中，构建了一条全新的美育普及途径。通过展览，更多的学生有机会理解和感受服装背后的文化内涵，并将其融入自己的生活中。

三、构建高素质人才培养体系

当今社会，随着信息交流的不断深入，电视、互联网等媒体已成为大学生了解世界的主要渠道。随着社会信息化程度的提高，大学生对时尚服装的认识也日益增多。

相对于随处可见的服装类报纸、杂志和网络环境的混杂，高校服装美育更具有科学性和指导性。通过系统的服饰美育教学，学生能获得更加有针对性的审美知识，并了解通过服饰提升个人魅力的方法。

在教学实践中，明确提出了德智体美劳五育共治的要求。美育不仅仅是渗透到其他人文科目中，更需要将其作为一门独立的课程来处理，尤其是传统文化美育。评价大学生审美素质的基本依据就是他们在服装、服饰等美术专业课程中所蕴含的传统知识和文化意蕴。

高校的教育对象主要是18至24岁的青年，正处于思想发展的重要阶段。在这一时期，他们的心智逐步成熟，逻辑思维能力相对较强；自信心和自尊心得到提升，并渴望追求个人发展。他们对美的追求充满了渴望和热情，他们的审美意识敏锐，审美体验不断充实和完善，正是他们建立审美心理的最佳时机。他们所追求的美是一种超越自然、超越现实的美。

在我国，普通高等学校实施美育是健全我国美育职能的重要环节。其内容涵盖了广泛而深刻的审美文化知识。因此，高校应结合综合型高校的特色，从科学与社会两个角度出发，探讨如何在自然美、艺术美等多个层面上建设美育普及课程，努力实现真善美的至高境界。

高校服饰美育的概念内涵对高校服饰美育教学的建设和实践具有十分重要的意义。高校服装美育是指通过对美的形态和对美的深刻理解（美的本质、特征和基本规律）的理解，将审美能力和审美情趣作为主要内容，从而提升学生的审美素质和人文素养。

山东省某高校以服装教学为核心，致力于构建服装美学教育体系，并紧密关注服装审美活动的内在逻辑，包括审美感知、审美想象和审美理解。通过对服装所蕴含美的科学阐释，揭示美的实质、特点和基本法则，该大学旨在培养学生对服装美学的理解与欣赏。在这一过程中，学生将发展审美心理、拓展审美体验，培养审美判断等多种基本素质。

随着时代的演进，人们对服装美学的包容度和容忍度越来越高。该大学在进行服饰美育时，鼓励学生将不同的服装风格相互渗透，自由传播，但在诠释服装美的过程中，始终坚持服装美学的原则。以该大学的一门公共课程——《服饰搭配艺术》为例，学生们在学习服装礼仪、服装搭配、色彩搭配等方面逐步实现了服装的和谐美、健康美、色彩美和内涵美等美学理念。在教师的指导下，学生能够合理分析服饰的审美规律，提高自己的审美鉴别能力，学会从文化与内涵的角度欣赏服饰，追求更高的审美境界。

四、建造高水平教育平台

当前，我国高校正在积极推进传统文化的传承，急需加强大学生服饰美育。针对这种需求，山东省某高校将"服饰文化创意竞赛"视为服饰美育的重要途径。在此次比赛中，广大学生运用中华传统服饰文化进行服饰设计。其中最具代表性的比赛是以"纺织"为主题的"非遗创意作品大赛"。该校作为此次竞赛的主办方，与多所高校及社会美育机构联合搭建了比赛平台。该校聚焦权威、专业的特点，吸引了许多对服饰文化和传统文化感兴趣的爱好者和专家参与其中。同时，该校将社会美育纳入竞赛，组建了一支水平高、专业性强的专业评委队伍。这不仅提升了竞赛的专业性，也扩展了服饰艺术对传统文化创新与发展的影响。为迎接此次大赛，该校各院系同学高度重视传统文化，积极探索并融入自身专业特色，创作出新颖的作品。这推动了传统文化与现代科学技术的有机融合。该校举办的纺织类艺术设计竞赛，迎合了中国时代审美需求，对丰富我国大学生美育、弘扬中国优秀传统文化具有重要作用。通过举办服装类非遗创意创作比赛，促进了服装艺术在高校中的传播和发展。

山东省某高校建立了一个服装交流和学习平台，通过网络和媒体整合了服装美学教育的资源，使学生们可在该平台上进行交流和学习。此外，还开设了一个关于服装美学和文化的公众号，向学生们传达基本的美学常识，为学校营造了浓厚的美育氛围。这一美育普及平台的建立旨在规范美育标准，丰富美育途径，并始终坚持审美原则，以实现服装美育和美育文化建设体系的长远发展。

（一）发挥社会服饰美育的作用

京津冀地区已建立多个博物馆、展览馆、文化宫等美育设施，为高校展开美育提供了丰富的实践资源。这些设施也为大学生的第二课堂活动提供了可靠的社会审美支持。山东省某高校曾组织学生到省博物馆参观，学生们通过中国服饰展览直接感受到服饰之美。相比于平面的服装图片，博物馆、文化宫等美育场所展示的服装更贴近现实生活，让同学们更清晰地了解服装的图案、工艺和纹理。同时，这也解决了目前在学校课堂上由拍摄工艺、打印品质等因素所导致的服装美育效果不真实、缺乏表现力的问题。山东省某高校在构建高校服饰美育中，巧妙地将高校服饰审美功能与博物馆、展览馆等社会审美场所有机地融合，进一步深化了对大学生审美经验的挖掘。

在当今迅速发展的信息技术时代，杂志、报纸和网络已经成为一个新兴的研究领域。同时，像广播这样的大众媒体手段也为大学的服装美学教育带来了很大的便利。在山东省一档备受同学们欢迎的大学校园广播节目中，采用故事的形式向学生们介绍了服装文化的历史背景。该节目通过讲述服装所蕴含的历史和文化，提高了学生们的学习兴趣，同时也提升了人们对服装的审美意识。

（二）提高教师对美育的认知和关注

山东省某高校通过对服装的美学教育取得了显著成效，构建了以服装美学为核心的美育普及系统。在教育与教学方面，学校的教师队伍深刻意识到了美育的重要性，并积极探索实践创新教育，以促进学校的变革与发展。然而，目前我国高校在德育工作方面仍存在诸多问题，需要解决。美育可以有效地解决这些问题。

首先，在美育领域，教师需要良好的审美修养。在进行服装美育时，教师不仅需具备工作和教育能力，还应注意将其他文化、艺术知识与服装美育相结合，提升自身的审美素养和文化水平。

美育在艺术设计、音乐、戏剧等专业中相互融合，取得了良好的审美效果。然而，在服饰美学中，与哲学、历史、法律、教育学和社会学等学科之间缺乏良好的结合。需要更多地整合各学科知识，激发各专业学生的学习积极性，将每个学生的审美经验纳入其中，才能充分发挥服装美育在综合性高校中的作用，使各专业的学生都能领略到服饰之美。

此外，在高校教育中，美育普及的建设不仅局限于课堂上，各种生活用品和美丽的事物都能对学生进行美的熏陶。教师应引导学生关注身边的美，培养学生创造美的能力，并通过审美训练培养学生对美的感知和敏锐的观察力。

第五节 高校服饰美育建设成果及展望

一、开展山东省某高校服饰美育建设调查

（一）调查范围

本文所涉及的案例是通过文献检索、网络调查和实地采访来进行的。以山东省某高校为研究对象，以大学生对学校各种服装美学方法的美育效果为研究对象，进行一次研究。研究内容包括：服装美学教学中的一般知识课程体验、美术展览中的审美体验、服装美术比赛中的审美能力的提高；服装美育活动的经验性展开。

（二）调查内容

这次调查针对山东省某高校的服装美学教育进行了研究，包括不同年级、专业和学历的学生。此次对学生在参与各种美育项目后的审美能力、创造力和审美需求等方面进行了多次调查，并对学生的文化身份、审美素养和美育知识的提升状况进行了分析。同时，对该大学的服装美育的建设进行了总结和展望。

（三）调查方法

问卷调查和访问调查是研究中常用的两种调查方式，它们对于保证研究数据的正确性和可信度至关重要。这不仅对后续的研究工作具有影响，还直接关系到最终的研究成果。

首先，问卷调查是一种直接有效的方式，可以用来收集大量的数据。通过设计合理的问题并广泛分发问卷，研究者可以获取来自不同人群的回答，从而获得多样化的观点和意见。问卷调查的优势在于其高效性和广泛性，可以快速收集到大量的信息。

其次，访问调查是一种与被调查对象直接交流的方式。通过面对面的访问，研究者可以深入了解被调查者的观点和经验。这种交流方式能够提供更详细和具体的信息，有助于深入挖掘研究主题。尤其是在涉及敏感话题或复杂情境下，访问调查能够获得更加准确的数据。

此外，为了补充数据的丰富性和全面性，研究者还可以进行网上的文献调查。通过查阅相关领域的学术文献和研究报告，可以获取已有的理论知识和实证研究成果。这种补充性调查可以为研究提供更多的背景信息和理论支持，从而增强研究的可信度和科学性。

1.文献调查法

从山东省某大学的美育课程、美育展览和美育活动等方面，通过网上和图书馆搜集并整理了相关信息，作为写作的依据。

2.实地调查法

以山东省某高校为研究对象，对其美育普及建设进行了深入研究，并选择了具有代表性的美育普及建设项目进行分析。为了获得准确的数据和有意义的结论，采用了现场拍照、问卷调查和学生访谈等多种研究方法。

首先，通过现场拍照记录该高校美育普及建设的实际情况。通过拍摄校园内的美育设施、教室环境、学生作品展示等，可以直观地了解该校美育普及的现状。

其次，进行了问卷调查，以了解学生对本校美育普及建设现状的满意度和需求度。问卷设计包括了与教学质量、教学资源、教师水平等相关的问题。通过分析问卷结果，可以得出学生对该校美育普及的整体评价以及改进期望。

此外，还进行了学生访谈，通过与学生面对面的交流，深入探究造成目前美育状况的原因。通过听取学生的直接感受和意见，可以获得更加具体和深入的信息，为改进美育普及提供有价值的建议和参考。

通过以上的研究方法，可以全面了解该高校美育普及的现状和问题，并得出相关结论。这将为进一步改善和发展美育普及提供重要的参考和指导。在进行研究的过程中，我们将注重数据的准确性和可靠性，并确保所采集到的信息真实反映了学生的意见和需求。

（四）调查的活动的开展

为了深入了解山东省某高校服装美学课程的内容和教学情况，下文以该校课程为基础，对其中的服装美学课程进行了调查研究。重点关注了服装美育普修课的教学内容、教师水平和审美能力培养等方面。

在研究中，对服装美育普修课的教学内容进行了详细考察，包括服装美育的一般知识范围、教学难度以及教学方法等因素。我们还对教师的教学水平进行了调查，包括普通服装教学教师的教学风格、审美素养以及对服装文化的美育价值的启发等。此外，还调查研究了教师对学生的审美指导能力。

"美育"指的是学生在接受了"服饰美学"这门学科的教育后，对"美"的认识、评判和审美判断等方面的素质。因此，还对学生的美学认知、审美判断和审美创造等能力进行了测试。

本研究对服装展示中观众的审美经验进行了研究。具体而言，以"服装艺术展"为研究对象，旨在探究观众在该展览中的美学体验。

首先，本研究关注了"服装艺术展"的内容对学生审美素质提高的影响以及与之相关的程度。通过研究展览所呈现的艺术作品，本研究探讨了这些作品对学生审美能力的培养和提升的程度。本研究关注展览作品的艺术性和教育性，以及它们对观众的美学体验和感受的影响。

其次，本研究还考察了学校举办"服装艺术展"的频率和展位的便利程度。展位的频率指的是学校举办"服装艺术展"的次数，它反映了学校对于服装艺术展的重视程度和持续性。而展位的便利程度指的是观众参观展览的方便程度，包括展览场地的位置、交通便利性以及观展设施的完善程度等。通过研究这些因素，我们可以评估学生参与服装艺术展的机会和条件。

再次是对大学生参与服装美术比赛的美育水平进行了调查。具体而言，本研究关注了大学生在参与服装艺术竞赛过程中的审美能力的提升。

本研究的调查主要集中在以下方面：大学生在参与服装艺术竞赛中的创新能力、动手实践能力、审美鉴赏能力以及审美理解力的提高。

在此基础上，本研究还对大学生参与其他服装美学活动的感受进行了调查。具体而言，本研究关注了大学生参与其他服装艺术审美活动的体验。

本研究的调查主要集中在以下几个方面：大学生服装审美文化的普及、创新思维能力的提高以及传统文化知识的学习。

此外，在对上述项目进行调查研究时，还统计了学生在接受服饰美育过程中对审美需求的满足情况。审美需求指的是学生对审美欲望、学习兴趣和审美快感的需求程度。为了进行调研，采取了问卷调查和现场交流的方式。

在本次调研中，共制作了100份问卷，其中包括70份本科生问卷和30份硕士生问卷。在调查过程中，发现了部分无效的调查表，因此在调查活动的后期进行了第二次发放，以确保数据的准确性和完整性。

二、通过调查结果进行服饰美育成果分析

通过对山东省某高校服装美学教学现状的调查，得出了对该大学服装美学教学效果的评估结果。评估标准基于现场的问卷调查，根据调查中提供的选项，对各类型的美育普及建设措施进行需求度和满意度的评价，并结合现场调研结果进行综合研究。

在调查中，将服饰美育建设类型划分为五种：传承传统服饰文化类、提升时尚审美能力类、培养创新创造意识类，这既是一种健全人格的教育，也是美育的重要组成部分。我们将服装美学教育建设的基本评估分为五个级别，并将需求性评估分为三个级别，通过筛选出美育实践中不满意的因素，并提出相应的对策。此外，我们还收集了同学们对于无测量方法的期望，以填写相关表格。

通过分析调查问卷，我们可以了解该校服装美学教育建设的现状，以此为依据进行进一步的美育建设实践引导。如果学生的满意度超过了需求度，说明该方案已经满足了大多数用户的要求。而如果满意度低于需求度，就意味着该方案尚未满足学生真实的审美要求。

（一）服饰美育通识课美育成果

以下调查以大学本科和硕士生为研究对象，对服装美育普修课的经验

进行了分析。通过对大学生的调查，发现在服装美育基础课程中，大约有一半的学员来自艺术系，班级中男生和女生的比例为2：5。特别是《女性魅力形象塑造》这门大学基础课，在女生中非常受欢迎，班级人数达到了50人。

在问卷调查中（参见表 11-3、11-4），发现山东省某高校的男生普遍对于男性魅力形象塑造产生了审美需求。借鉴了《女性魅力形象塑造》这门公共课的成功经验，该大学将教师队伍扩展到了这门课程，以扩大男生课程的受众范围。下文将对《男性魅力形象塑造》这门课程进行初步探索，旨在为该校男生美育提供更多方法，同时更好地满足广大男生的审美需求。

通过这项研究，我们希望能够深入了解大学生对于服装美育课程的体验和需求，为教育机构提供参考，优化教学内容和方法，以更好地满足学生的美育需求。

表11-3 学生（男性）审美渴望统计

学生审美渴望（男性）	数量（总数50）
男性魅力形象塑造	32
运动服饰科技	12
优秀华人设计师作品	29
高端服饰奢侈品牌	3
中国现代时尚男装产业	10
现代汉服	3

通过对大学生的问卷调查，发现大学生对于中西方时装工业的经营方式和当代发展趋势表现出了相当的兴趣。为了满足大学生对时装服装文化的审美需求，并加强他们的道德修养，学校在服装美育通用课程系统中特地开设了《服饰品牌与大师作品评析》这门课程。通过这门课程的学习，大学生能够正面理解时装美学，培养对传统文化的自信。

表 11-4　学生（本科）审美渴望统计

本科学生审美渴望	数量（总数 70）
自身形象塑造	32
时尚产业运作模式	35
优秀华人设计师作品	40
高端服饰奢侈品牌	7
传统服饰工艺	20
现代汉服	7

通过对学生的审美欲望进行数据分析，将其作为美育的主要对象，并充分发挥了老师在美育中的引导和积极作用，以达到事半功倍的效果。在服装美育课程的构建中，让学生的审美知识得到更充分的提升。在这门课程中，将学生的审美习惯和审美渴望集中起来，并在有限的课堂时间内实现各种美育作用的整合。通过美育通识课的学习过程，学生能够在审美、文化、育人、思政等方面得到充分的发展和发挥。（详见表 11-5）

表 11-5　《服饰品牌与大师作品评析》课程思政结合点

序号	章节	教学内容	课程思政元素
1	第一章第四节	中国时尚产业发展概述	通过比较中国和西方以及亚洲发达国家的时装工业的发展情况，可以揭示中国时装工业的发展趋势。这样的比较有助于学生们跟上潮流，抓住机遇，并了解中国时装工业的发展动向。中国时装工业正在迅速崛起，在时尚领域占据了重要地位
2	第七章	中国设计师与品牌	在这里，学生将了解华裔设计师与本土设计师在时装领域的发展情况，以及中国设计的卓越成果，通过华裔设计师成功的经验来激励学生们向他们学习，将他们作为榜样

但是，通过对大学生审美愿望的统计分析，发现与此相反，大学生对传统服饰文化的审美动机相对较低；他们更加关注提升自身的个性魅力，追求时尚服饰文化。因此，在教学中需要将更多的传统文化价值观与教学内容相

结合,并根据学生的兴趣爱好,深入鉴赏传统服饰文化,这是现代服饰美育建设的一个重要要求。

通过对大学生进行问卷调查,发现大学生服装美育通识课程受众的分布较为平衡,各院、系所占比例基本一致。调查显示研究生对传统服装文化的美育作用具有较高的认知度(见表11-6)。这是因为相对于本科学生,研究生具备更强的学习能力和更高的文化素质。

某高校开设的"服饰审美"专业基础课,根据学生的学习能力和文化素质要求,进行了深入广泛的教学指导,例如涉及"思想内涵"等内容,以满足研究生在审美与文化方面的需求。然而,通过对学生服装美育的调查研究,发现大学生对服装美育的实际需求程度较低,特别是在毕业设计阶段;大部分学生更倾向于以论文的形式表达知识,而不愿意创作实际作品。

针对这一现状,必须加强对研究生群体的动手实践能力培养,通过开展美育的实践活动来提高他们的审美观念,实现理论联系实际的目标。只有这样,才能更好地满足研究生的审美需求,培养他们的创作能力和实践能力。

表11-6 学生(研究生)审美渴望统计

学生审美渴望(研究生)	数量(总数30)
传统服饰文化	27
现代服装设计思潮	10
中西服装史	12
非遗服饰工艺	22
艺术作品鉴赏	23
流行文化	11

(二)服饰艺术竞赛审美能力提升

通过对山东省某高校的服装艺术类竞赛进行调查,发现大学生通常会参与传统服饰文化创意、民族传统服饰、时尚流行设计等不同类别的竞赛。在这些竞赛中,学生通过参与服装艺术的比赛,不仅提高了自身的美学素质,还获得了同学们的一致好评。

通过对学生的问卷调查和采访，发现一些学生存在对比赛竞争的恐惧和担忧。一方面，他们担心自己在不擅长的专业中无法发挥作用，从而影响到团队的创作成果。另一方面，一些学生认为比赛需要更多的时间和精力投入，对于他们来说不划算。还有一些学生参赛的主要目的是获取学分，缺乏对比赛的热情。

然而，尽管存在这些顾虑，参赛的学生总体上对服装艺术竞赛所带来的美育能力提高还是比较满意的。通过问卷调查和采访，发现只有少部分参赛学生在比赛前对自己的成绩抱有自信，更多的人是在比赛的准备过程中逐渐获得美的享受，在与同学们的合作中体验到美的提升。另外，一些学生表示他们参加比赛是出于试试看、增长经验的态度，并没有预期取得好成绩。然而，在创作过程中，在专业老师的指导下，他们受到了启发，并在实践中提升了艺术创作能力，最终获得了成就感。

参加竞赛为学生提供了一个平台，专业裁判的评价和指导对于理解服装的艺术美感非常有帮助，帮助学生在实践中运用足够的美感，提升创造力和创作能力。此外，一些学生还表示通过参与竞赛结识了志同道合的朋友，并在学习交流中互相指导和提出美学意见，共同提高了美学能力。

根据调查和统计结果，山东省某大学在接下来利用服装艺术竞赛提升学生的审美能力时，应注意以下几个方面。

第一，要注重培养学生的审美和创新能力，让他们在参加艺术比赛时获得良好的发展。在教学过程中，教师应对学生的审美创造能力进行适当的指导，提供有益的支持和指引，以帮助他们更好地展现服装艺术的水平。

第二，在服饰审美竞赛中，可以更多地以创意小组的方式组织学生进行艺术创作。这样的方式不仅可以培养学生的合作与交流能力，也能增强他们的竞争意识，激发勇于创新的精神。有经验的学生可以分享他们的学习历程并与首次参赛或在艺术方面有所欠缺的其他学生交流经验，促进彼此的共同成长。

第三，要让学生的作品与当前社会环境相契合。例如，将当前热门话题融入作品中，这不仅是对大学生进行美育，也是对其进行人文教育的一种有效途径。

第四，在构建服装美育通识课程时，应加强对民族服装文化的教育。这能更深入地建设学校的传统服装文化，让学生更全面地理解和认识民族传统服饰。

通过上述举措，能够使学生更积极地参与到服装艺术竞赛中，从而促进他们创新能力和美学素养的提升，陶冶高尚的个性，满足审美需求。这种做法既有利于促进学生的艺术修养，也有助于促进他们的个性发展。

（三）服饰美育活动丰富大学生美育生活

根据对学生在日常生活中进行的服装美学教育活动的统计分析（见图11-1），得出以下结论：学生对博物馆参访和服务的要求和满意程度较高，占60%到70%。山东省某所高校在管理这一活动方面已经非常健全，参观博物馆对学生的服装美学水平有很好的提高作用，但仍需要进一步巩固。然而，在学生参与服装艺术社团的美育体验方面存在一些问题。其中，服装表演社团的满意度为60%，需求度为69%。在服装表演社团中，学生们能够在很大程度上满足自己的美学需求。然而，在汉服社团中，他们对美学体验的满意度却远远达不到他们的需求，相当大一部分学生在这个社团中无法满足自己的美学需求。

在采访师生过程中了解到，服装表演社成立于2014年，并在学校教师的指导和大力支持下逐步壮大。自成立之初的8个社团发展至2022年的40个，增长率高达400%。每个学期的新生聚会上，都会举办一场时装秀。无论是舞台设计、服装设计、灯光音响还是演员的表演，均有专业教师进行指导。此外，该社团的学生会还获得了中国大学生时尚周十大名模的殊荣，吸引了许多同学的关注。因此，这个社团发展迅速，并且创作了许多优秀作品，以满足学生的审美需求。

另一方面，汉服社团成立的原因主要是近年来汉服文化的重新兴起，但社团成员对社团的满意程度远未达到他们的期望。汉服文化社团成立于2021年，起初，参与社团活动的同学很少，大部分时间他们在自己创建的一些公众号上发布有关服装美学的信息。许多加入俱乐部的同学彼此并不太熟悉，社团成员在日常学习中也没有太多交流。

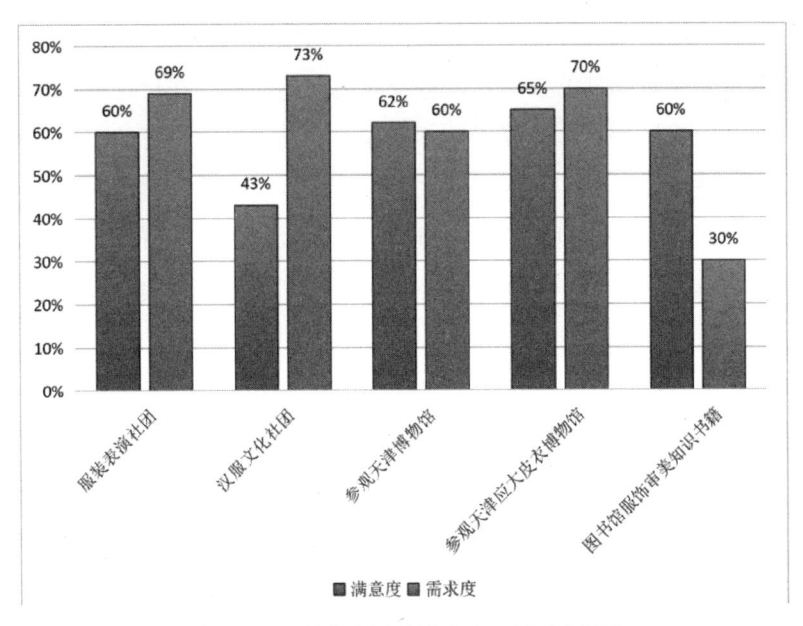

第十一章　高校美育普及建设——以服饰审美为例

图 11-1　服饰美育活动满意度、需求度调查

通过数据分析发现，学生在高校图书馆使用服装美学相关书籍进行阅读时获得的满足感高于对这一审美活动的需求。造成这种情况的原因可以从几个方面分析：随着信息时代的到来，纸质书籍逐渐被电子产品所取代，许多学生更倾向于通过电子设备如电脑、手机和电视来学习服饰审美。借助互联网和电子产品，他们随时能够获取所需信息，并通过视频、图片和声音等多种形式进行美育。然而，在阅读图书馆内的服装美学书籍后，接受过美育的学生普遍对此活动给予积极评价，验证了纸质图书在服装美育中的特殊价值。尽管在信息化环境下，大学生的服装美学素质得到了显著提高，但网络信息的优劣却参差不齐。许多学生在服装的美学鉴赏能力方面存在不足，无法在网络上辨别多种不同的信息。而山东省某高校的服装美术图书经过专业老师的甄选，既适应当前阶段学生的学习需求，又确保美学教育知识的正确性，对于进行服装美育具有事半功倍的效果。

为了更好地满足大学生的审美需求，山东省某高校在进行校园服装美学教育时，应关注以下问题：首先，需要加强对服装审美社团的管理。高校的服装社团通常由对服装感兴趣的学生自发组织，这种自发性更容易吸引志同道合的同学形成学习小组。然而，由于社团组织者的审美素质可能受到限制，这会在美育中限制其发挥作用。教师应该善用社团对服装艺术的热情和较高的审美要求，以及强烈的主动性，更专业地引导他们。在日常教学活动中，老师要充分发挥社团团体的积极性，指导学生正确培养自身的审美素质，使其与个人兴趣爱好相符。其次，对大学生来说，参观博物馆是一项最受欢迎的活动，假期间应培养他们的审美情趣，并积极投入审美研究。另外，要增强大学生的审美鉴别力，使他们能警惕网上的有害信息，提升高校图书馆的美育功能，让同学更深刻地认识到图书馆在美育中的重要性。

三、服饰美育建设成功案例带来的启示与展望

（一）服饰美育建设成功案例带来的启示

进入21世纪，美育的意义及作用被不断强化。从对服装审美文化的继承和发展角度来看，大学生对服装美学教学活动的积极响应，表明他们对传统服装文化的认同，并为在高校美育背景下推动服装文化的传播和发展奠定了良好基础。在研究中发现，山东省某高校的服装美学教育在大学生中发挥了显著的作用。基于这一发现，本研究对该大学的服装美学教育实践进行了调查，并获得了详尽的信息。通过分析服装美学教学效果和教师、学生的反馈，也揭示了其中存在的不足之处。

山东省某高校的服装美学教学实践告诉我们，服装美学教学与服装美学教育是有联系但又有区别的。在进行高校服装美学教育时，应坚持以人为本的原则。高校服装美学教育不仅仅是向学生灌输服装知识，也不应只是简单的服装美学活动。它应该建立以教师为主导、以服装美学为媒介的教学活动体系。

服饰美育与普通的审美过程存在显著区别，它只是学生作为审美主体对服饰作为审美客体进行感受和欣赏的过程。然而，其最重要的意义在于将服饰审美作为一种媒介，挖掘出其中的教育意义，把握住服饰中的美学特点。通过以服装美为纽带，教师与学生之间实现知识交流，引导和影响学生的思想和价值观，推进高校美育普及建设。

因此，在服装美育活动中，高校应该遵循教育的育人原则，将学生置于主体地位，以教师为指导，正确引导学生的服装审美过程。大学要抓住学生之间的审美差异，积极满足他们的审美需求，对他们在审美过程中的情感体验进行引导和控制，以实现以服饰之美陶冶情操、规范行为、传承文化、净化心灵的美育目标。

在高校服装美学的构建中，应坚持以学生为主体、以兴趣为导向的原则，使学生群体的自主性能够充分发挥。在服装美学教学中，通过实践培养学生的审美自信心，让他们在享受服装美学教学过程中感到自豪，并满足他们的审美需求。在美育普及的构建中，始终要以培养人的美育为宗旨，使服装美学教育更好地发挥作用，成为一种健康、高尚、有价值且有意义的教育形式。

在教学实践中，教师应积极引导学生，规范他们的审美行为，提升他们的鉴赏能力。在美育普及建设过程中，要关注学生的美学反馈，与他们多进行沟通，了解他们的美学经验和不足，并适时给予指导。这样才能确保美育的效果长期稳定地提升。

服装美育是由教育者、受教育者（审美者）和服装艺术介质（审美客体）三个要素共同组成的有序、双向的活动系统。在进行服装美育时，我们需要注意到，服装美学教育是将学生培养成具有内在规定性的服装美学活动的过程。为了将服装美学活动纳入美育范畴，我们必须确保服装美学教育的教育特性。

其次，将服饰美作为教学的主体载体，着重抓住服饰在师生间独特的审美信息交流与传达的作用。通过服装的客观物质基础以及可调节的变量，在主观上创造更完整的美学效果。服装美学效果是由服装媒体展现出来的，它在教育者与受教育者之间建立起一座连接和沟通的桥梁，进行美学信息的传递。在服装美学教学中，服装审美教学主要指的是以服装为目标的美学教学，而服装审美教学内容的选择则是指在服装美学教学过程中对教学内容进行选择的过程。

在进行服装美育时，需要确保服装美育具有一定的选择性和教育价值规定性。不能将所有的服饰艺术作品都视作审美客体，也不能将所有的服饰美术活动都作为美育的内容。在高校教育中，需要注意服装美育的内容应与当代美学价值观相契合,以实现"以美育人"的目标。只有这样,古典作品在服饰艺术中的精华才能得以具体展现,从而产生更好的教育效果。

因此,在对大学生进行服饰美育时,需要在教学内容的选择上,优先考虑服饰艺术作品所反映的审美价值,同时,也要注意这些作品是否适合教育对象。在高校教学中,只有那些能够体现人类精神价值的经典服装艺术作品才能成为主要的教学内容。服装美育是高校美育的重要组成部分,能够更好地激发学生的审美情感,丰富他们的审美体验。

在进行美育时,高校、被教育者以及审美对象三者之间存在着辩证的相互依存和协调统一的关系。高校应通过服饰美学教学,培养学生内在的服饰审美价值观,提升他们运用服饰美学的能力,以及加强他们的外在表达能力。以山东省某高校为例,作为一所综合性大学,首要任务是确保在服装美学教育方面的专业性,汇聚服装艺术的经典和传世之作,以激发学生的审美情绪和丰富学生的审美经验。同时,拓展服装美的作用范围,并针对不同学科、不同年级、不同学习水平的学生的个性特点,在服装美育的过程中引导他们从物品感知到内心体验的过程。通过服装美学教育引导学生,抓住他们的审美行为倾向,丰富他们在接受服装美学教育过程中的情感体验,从而实现以服装培养情感、陶冶情操的目标,使服装美育成果最大限度地惠及每一位学生。因此,高校需要建立成熟、完善的美育体系,调动并激发接受服饰美育的学生在活动过程中的主观能动性和审美心理的可塑性,将服饰作为美育的媒介,帮助他们建立健康的审美观念,培养健全、全面的个性,从而实现服装美育的终极目标——促进个人的全面发展。

(二)山东省某高校服饰美育策略参考

1.服饰作为文化的象征,在美育中扮演着重要的角色。高校可从服饰审美的角度对大学生进行服饰美育。通过课程建立服装艺术的文化价值观,并利用展览和比赛等美育活动来丰富服装美育的内容,从而增强学校的知识体系。在传授服饰文化知识的同时,引导学生在服装审美创作中进行实践。同时,运用传统工艺技术和设计逻辑,培养学生的审美创造力,让他们在展现服装美的同时,也能激发对美的不断追求。

2.服装美育始终不能脱离高校校园美育的核心任务,即传承传统服饰的文化价值观。我国拥有悠久的服装文化传统,涵盖着丰富的服装艺术,这些体现了传统文化的生机与活力。在当今社会发展的背景下,科技进步不断,人们的生产力也在提高,因此利用服饰审美文化来丰富现代人的精神生活成为大学服饰美育的重要目标。

3.高校服装美育是美育普及的一部分,对于培养大学生的服装素养和艺术潜力具有重要意义。人的艺术潜质是内在的潜力,而发掘艺术潜质可以激发其他潜力的发展。然而,在高校服装美学教育中,大学生的服装艺术潜力通常没有得到充分的发掘。

4.服装艺术美学具有强烈的主观性,这使得服装美学教育与其他学科有着显著的区别。服装美育更多地为学生提供解决主观性问题的方法,让他们认识到多种不同的解题方式,并在注重客观性的基础上,充分发挥自身的主观能动性。此外,服装美育与生活息息相关,有助于学生养成良好的日常行为习惯。从这个角度来看,服装美育能更好地发挥其功能。

5.服装美学文化不仅涉及对服装美的欣赏,而且涉及历史、文学和社会学等多个领域的知识。作为一门综合性的艺术,服装美学不仅可以加深学生对世界的认识,还可以让他们更容易接触到其他文化。通过学习服装美学,学生能够扩宽自己的视野,并深入了解不同文化背后的价值观和传统。

6.进行了对高校服装美学教学的有益探索。学生们的高校生活是多姿多彩的,每个学生都有自己的特长和优势。在学校提倡德智体美劳五育协调发展的大环境下,通过服装艺术竞赛等服饰美育活动,为那些可能处于困境中的大学生创造了一个获得成功的机会,进而为他们拓宽了通向成功的道路。从某种意义上来说,这满足了大学生实现自我价值的需求。同时,这些活动也为学生提供了展示自己才华和能力的平台,促进了他们的全面发展。

7.服装美学知识是一种新的认识服装美学的途径,它通过服装美育来提升学生对艺术作品的欣赏能力。

8.服装是大学生展示个性和魅力的重要方式,而良好的服装审美观念不仅能凸显独特之处,还能展现高尚的品格和道德思想。通过进行服装美学教育,可以帮助学生更好地利用服装来表达自己,并让他人通过服装了解自己。

(三)高校服饰美育展望

上文以山东省某高校的服装美学教学为研究对象,并对其进行了研究。研究结果显示,服装美学教学取得了一定的成绩,但也存在一些缺陷。在研究过程中,将美育普及与校园文化建设相结合,并进行了深入思考。校园文化与大学生的学习和生活密切相关。大学生日常穿着的服装最初可能只是一种无声的表达,但逐渐不知不觉地传达出讯息,对大学生的审美价值观产生一定影响。在流行文化盛行的环境下,大学生对于个性化着装的需求不断增加。

经过多年的发展与建设,山东省某高校形成了独具特色的校园文化,确立了自身的理念和信念。可以说,校园文化已成为每位大学生的精神支柱,是学校美育普及工作的核心和实质,对学校美育文化的发展具有重要的指导作用。校园文化是抽象而无形的,但学生们无时无刻不感受到它的存在和影响。总体而言,校园文化是学校生存与发展不可或缺的基础,是学校的灵魂。将服装美学教育与校园文化相融合,才能使其扎根、生长、开花结果,而服装艺术实践则为其提供了充足的滋养。

然而,山东省某高校在服装与校园文化融合的实践方面仍有所不足,缺乏对具体实施途径的研究。高校服装美学作为大学服装教育的重要组成部分,既反映了大学服装美学的精神内涵,又直接反映了大学服装美学的发展水平。山东省某高校的服装美学教学中存在这一问题,对此我们需要进行深思和关注。